シンシヌじろうの自分探し

題字　じろう

うちわ餅店
向かい側に
路上駐車をなさらず
当店駐車場のご利用を
お願い致します

家内
商売
福

前中央食
弘前
央食
定休日

果店
果店
新
干ぜんまい
入荷しました
カメラダメ
方青果店
200
ミキライフ

棟方
りんご
だけ
きみ
むなかた
100
apple

川越
こがね焼
70円
お気をつけ下さい
Wolt

本書は東奥日報で連載中の「シソンヌじろうの自分探し」の２０２０年９月３日から２０２３年８月３日まで３年分を単行本化しました。Ｐ１６６～１７３の「お笑い僻地からお笑いの道に」は書き下ろしです。各タイトルの下の日付は紙面掲載日です。

まえがき

どういう経緯でこの連載が始まったのか、全く覚えていない。東奥日報さんから吉本に話がいったのか、個人的に東奥日報関係の方に弘前でばったり会ってお話を頂いたのか。

年齢による衰えはもちろんあるのだろうが、記憶力の低下が著しい。子供のころのことはこれだけ覚えているのに。

この連載は2年くらいで終わらせるつもりだった。計24回もあれば自分のルーツを掘り起こし終えるだろう。そう思っていた。だが、

青森に着くと空港の販売員のお姉様に
「東奥日報読んでますよ」
弘前に着いて土手町《どてまち》を歩いていると道ゆくおじさんに
「東奥日報読んでるよ〜」

一力《いちりき》に行くと
「今朝東奥日報読んだよ」

親戚のおじさんの家に行くと
「東奥日報まどめでおいだよ（とファイルを渡される）」

実家に帰ると父から
「東奥日報でこの記事のサイズで、これだけの年数連載を続けさせてもらえるということはだな……」

と説法が始まる。

この声のせいで、やめるにやめられないのだ。土手町と自分のルーツを絡めたエピソードはもう出し尽くした。もう弾切れなのだ。自分探しどころか、自分探し探し、になっている。

ていうか東奥日報の普及率よ。どれだけ読まれてるんだ。

急にやめるかもしれませんが、もうちょっと続けてみます。

ご購入ありがとうございます。愛を込めて。

目次

注射と粉薬

2020年9月3日（木曜日）

弘前で生まれて18年を過ごした。僕という人間のベーシックな部分はほぼほぼ弘前で形成されたと思う。この連載は弘前での思い出話に使わせてもらうと同時に、自分という人間のルーツ探しの場にしたい。

病院に行くことをめんどくさがったり、「市販の薬でなんとかする！」という人は意外に多いと思う。僕は逆で、ちょっとした異変を感じただけですぐ病院に行く。僕は病院が好きだ。そのルーツは弘前で過ごした少年時代にある。

3人兄姉の末っ子で小児喘息《ぜんそく》持ちだった僕は母と過ごした思い出がとにかく多い。ずいぶんと世話をかけた。色んなところに一緒に出かけたが、一番多いのは市立病院だろう。ダントツだ。

毎日食後に3回、3種類の薬を飲まなければいけなかったから小学6年間は週に1回くらいのペースで市立病院に通った。点滴で1時間ベッドで横になっている間、母は市立病院の売店で明星（アイドル雑誌）やぬり絵を買って来てくれた。点滴が終わると病院の食堂でよく2人で中華そばを食べた。母と一緒にいるのが楽しかったし、行けば何かを買ってもらえたから病院通いは全然嫌いじゃなかった。

普通の小学生が元気に外で遊ぶことに費やす時間を病院に費やした僕は、小学2年生の頃には採血される一部始終を直視できる少年になっていた。運動神経も良くなく、動悸《どうき》が上がると咳《せき》が止まらなくなる僕が唯一学校で優越感を感じられる瞬間があった。予防接種の注射の時だ。

健康で病院に通うことのない生徒たちはみんな注射に怯《おび》え、痛がり、泣いた。僕は全く動じず、針が皮膚に刺さる瞬間を直視し、微笑《ほほえ》み、お医者様にありがとうございます、と告げた。「おかわり！」と言いそうになったことさえある。心の中で「君たちとは打たれている本数が違うのだよ」と高笑いしたものだ。

祖母の前で粉薬を飲んだ時に、薬袋の隅にたまった粉を爪でピンピン、と2回はじいて、全てを口に放り込んだことがあった。それを見た祖母は「じろちゃんは薬が飲むのが上手ね」と褒めてくれた。

その当時は喜んだものだが、ほかに褒めるところがなかったのかもしれない。通信簿に「注射」と「粉薬」があったら僕は間違いなく「5」だったろう。市立病院に通うことで僕はアイデンティティーを確立した。

数年前帰省した時、市立病院の食堂に中華そばだけを食べに行った。市立病院には馴染《なじ》みの飯屋感覚で立ち寄れる。弘前で過ごした時間が僕を病院好きにしてくれた。ザジテン、メプチン、テオドール。3種類の薬の名前は一生忘れない。

2019年の年末、弘前市の土手町・蓬莱橋で

かくみ小路

2020年10月1日（木曜日）

僕は外食が好きだ。地方へ仕事で行っても必ず路地裏に入り、いい面構《つら》えのお店を探す。そのルーツは弘前で過ごした少年時代にある。

僕が小学生のころ弘前には映画館がいくつもあった。映画の看板も街中に溢《あふ》れていた。スカラ座、オリオン、東映、マリオン劇場、駅前にももう一つ映画館があったと思う。今は全部無くなってしまったが、昨年帰ったとき鍛冶町のすけべな映画館だけはまだ残っていて安心した。

母はよく映画を見に連れて行ってくれた。東映まんがまつりの仮面ライダー、ドラえもん、色々見たが僕の一番の楽しみは実は映画を見終わった後にあった。必ず土手町のかくみ小路《こうじ》に連れて行ってくれるのだ。今でも帰ったら絶対にかくみ小路を用もなく数回通る。それくらい僕にとっては思い出深い路地だ。今でこそ少し拓《ひら》けて通りやすくなっているが、当時はもっと薄暗くて細くて、絶対に子どもが通ってはいけない雰囲気があった。

子どもだからそう見えていただけかもしれないが、母に手を引かれて入るかくみ小路はさくら祭りのお化け屋敷に入る感覚にとても似ていた。でもいざ中に入るとそこにはびっしりと飲食店が建ち並び、一瞬で夢の空間に変わった。

一番好きだったお店は「ニューマツダ」という洋食屋さんだ。ガラス扉にシンプルにニューマツダとだけ書かれていたと思う。

かなり前に閉店してしまったみたいだが、映画終わりにあそこで食べさせてもらうハンバーグステーキは格別だった。ナイフとフォークの使い方はあそこで教わった。甘く煮たニンジンを初めて食べたのもニューマツダだ。

もう1店舗のお気に入りは「特一番」。ここも今はもうない。高校時代、学校終わりの土曜日のお昼にも友達とよく行った。

恐らくご家族で経営されている町中華で、家族みんなで働いているその雰囲気が母の実家のそば屋「一力《いちりき》」に似ていて好きだった。楕円形にキレイに盛られたチャーハンをよく食べた。チャーハンにはスープが付く、を覚えたのは間違いなく特一番だ。

いまだに洋食屋、町中華を見かける度に飛び込んでしまうのは弘前での良い思い出があるからだ。今は大型チェーン店が増えたが、個人やご家族でやっている古いお店にはロケーションだったり店内の雰囲気だったり、そこにしか出せない味があり、子供の記憶に焼き付く何かがあるような気がする。

月に一度くらい小さなお店に足を運んでみるのもいいかもしれませんよ？　どうか土手町の火が消えませんように。

7年前の筆者。仕事もなく、実家から届いたリンゴで食いつなぐ

持ち帰りのみそラーメン

2020年11月5日（木曜日）

僕はラーメンが好きだ。中でもみそラーメン。そのルーツは弘前で過ごした少年時代にある。

弘前にはおいしいみそラーメンが食べられるお店が多い。いまだに帰省のたびに食べる「中三《なかさん》」の中みそ。家庭用パックを実家から送ってもらって東京の自宅でも食べる。味の再現度の高さには感動した。

「満来《ばんらい》」のみそラーメンも大好きだった。強面《こわもて》のご主人によく話しかけてもらった。高校時代は当時土手町にあった「だるまや」によく通った。弘前大学近くの「ぶんぷく茶がま」でもよくみそラーメンのセットを頼んだ。甲高い声のおかみさんの「H（セットの）のみそひとつー」という注文の声を仲間内でまねして笑いを取ったものだ。

でも僕のみそラーメン好きのルーツは今挙げたどのお店でもなく、小学生のころ実家の近所にあった「あじへい」というお店にある。初めて「みそラーメン」というものを認識して自分の口から注文したのは間違いなくあじへいだ。最後に食べたのは30年くらい前、僕が小学生のころだと思う。ドリフのコントのセットのようなザ・昭和の古いお店だった。

狭い店内に4人掛けのテーブルが3つくらいあって椅子はパイプの丸椅子。地面はコンクリートが丸出しで、椅子を引きずるとコンクリート特有のギギギギっという音を聞いた気がする。味はもちろんおいしかったのだが、あじへいはみそラーメンを持ち帰らせてくれたのだ。

以前ここにも書いたが僕はとにかく病弱で喘息の発作でよく寝込むことがあった。そんな時、母があじへいにボウルを持って行き、そこにみそラーメンを入れてもらって持ち帰ってきてくれた。家で食べるボウルに入ったあじへいのみそラーメンはそれはもう、お店で食べる以上においしかった。

みそラーメンを持ち帰るボウルは母がよくポテトサラダを作るボウルだった。白地に黄緑の梨か青リンゴの絵が描かれていて、ふたが付いていていて。僕はそのボウルを「ポテサラとみそラーメンのボウル」と認識していた。

兄か姉が風邪でダウンしたとき、母からあじへいのみそラーメンを持ち帰る任務を与えられたことがあった。当時10歳くらいだったと思う。ポテサラのボウルを持って、初めてあじへいに一人で入った。おじさんにはよくみそラーメンを持ち帰る家の子、と覚えられていたのかもしれない。

帰り道のボウルから手に伝わってくるみそラーメンの熱の感触はいまだに忘れられない。はじめてのおつかいのVTRにしたら全国民が涙する光景だったに違いない。

弘前の飲食店は今コロナで大変な状況にあるが、帰省したらまた思い出のみそラーメン巡りをしたいと思う。

「有吉の壁」現場にて

野良犬のノラ

2020年12月3日（木曜日）

SNS（会員制交流サイト）を眺めていると、犬と猫の愛くるしい動画が必ず目に飛び込んで来る。ここ数年は猫の人気がものすごいが古風な僕は断然犬派だ。そのルーツは弘前で過ごした少年時代にある。

「自分はなぜ犬が好きなのだろうか？」と自分探しをした結果、弘前で出会った犬との思い出の多さに驚いた。10匹以上の名前を思い出せる。

街に犬が多かったのか？　確かに「やぁどうも。冷えますねぇ」とわがもの顔で一人で歩いている犬にはよく遭遇した。飼い主のことは知らないけど犬は知ってる、という家も多かった。

犬好きのルーツとして良い思い出ばかりなのかと思いきや、腕をかまれて血だらけになったり、吠えられて泣かされてうんちを漏らしたり（僕がです）と、よく犬のことが嫌いにならなかったなと思えるエピソードもたくさんある。それでも犬が好きなのだ。

小学1年生のころ、二大《にだい》（第二大成小学校、今の大成小学校）のグラウンドで遊んでいたら「どうも、お邪魔してます」と弘前市民顔で遊んでいる犬がいた。茶色の中型犬で柴犬っぽいのだがおそらくミックスだと思う。僕はその犬を愛でた。とにかく愛で、そしてなでた。そしてその犬にノラと名前をつけた。

思い返すとドライな名前だ。野良犬だからノラ、ということなのだろう。それ以降何度かノラとはばったり出会うことがあったのだが、ある日を境に全く見かけなくなった。どこかに行ってしまったんだろうな、そう思っていた。

家族旅行に出発する日、僕にとって忘れられない出来事が起きた。その日の朝は強い雨が降っていた。朝も早く、雨で、旅行にあまり前向きな気持ちではなかった。その気持ちのまま改札の方へ向かおうとすると、そこにずぶぬれの犬があらわれた。弘前駅構内をわがもの顔で歩いている。その堂々とした姿たるや、見る人が見たら犬ではなく傘を忘れたサラリーマンに見えたかもしれない。その犬は僕に気付くと小気味よく近付いて来て、ぬれた体を足元にこすりつけてきた。

ノラだった。あまりの汚れっぷりに気付かなかった。母がみどりや（おしゃれ子供服取り扱い店）で買ってくれたカーキ色のズボンがあっという間に水を含んで黒くなったがそんなことはいっさい気にならなかった。ノラが見送りに来てくれたんだ！　僕はすこぶる感動した。

ノラからしたら雨宿りに来たらたまたまやたら自分をなでたがる犬好き少年が居ただけなかもしれない。でも僕はあの一件以来、犬という生き物とはどこかで繋がっているような気がしてならない。東京にいながらも犬と子供に話しかけるときはいまだに津軽弁なんです。

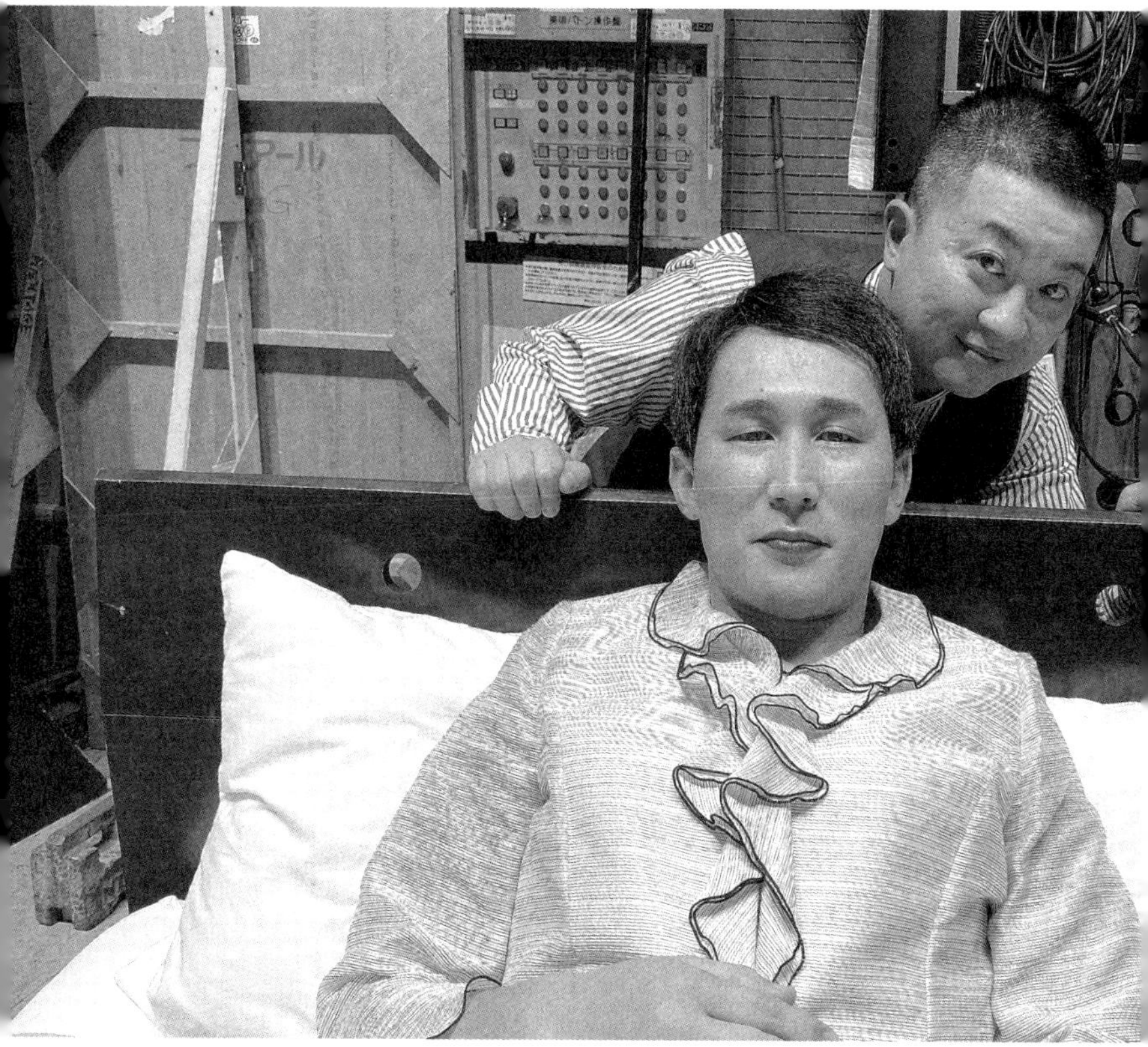

都内収録現場にて。チョコレートプラネット松尾さんと筆者

楽しい年末

2021年1月7日（木曜日）

青森のみなさん、新年明けましておめでとうございます。年末と年始は「年末年始」とひとくくりにされがちだが、僕は断然年末の方が好きだ。そのルーツは弘前で過ごした少年時代にある。

雪国だからなのか、夏休みより冬休みの思い出の方が圧倒的に多い。小学校の冬休みはだいたい12月23日くらいからだった。終業式終わりで毎年欠かさず参加していた行事がみどり保育園のクリスマス会だ。

卒園後も同窓生でみどり保育園に集まって小学校の通信簿を先生方に見てもらい、お菓子やジュースを飲んで楽しんだ。高学年になってからは保育園のトイレの個室のドアの低さに自分の成長を感じたりもした。

保育園に思い入れがある人はあまりいないと思うのだが、みどり保育園には「我が学び舎《や》感」を抱き続けている。須藤先生と塩谷先生には本当にお世話になった。

12月23日の夜は年一回のビッグイベントが控えていた。サンタクロースが来る日だ。イブの朝に目が覚めると枕元に必ずプレゼントが置かれていたのだ。

ただうちのサンタはシビアな一面があり事前に何が欲しいか、などと聞かれることは一切なかった。枕元に欲しいものを書いた手紙を置いたこともあったが、希望したものが置かれたことは一度もなく、プレゼントはサンタが一方的に選んだものだった。それでも嬉《うれ》しかった。

4年生の頃従兄弟《いとこ》と朝まで寝ないでサンタを見てやろう、と計画したのだがうるさすぎて母から口にガムテープを張られそのまま寝かされたこともあった。

クリスマスに関しては両親にとても感謝している。いまだに妄想癖があってどこか夢見がちなのは両親がサンタの存在を信じ込ませてくれたからだろう。この性格はネタ作りにとても活かされている。もし自分に子どもができたら同じことをしてあげたい。

12月末は毎朝新聞とにらめっこだ。新聞と言っても、折り込みチラシの方なのだが。初売りのチラシが好きで好きで。包まれて寝たいくらい好きだった。「出かけてくるから1時間そのチラシの上で転がってろ」と言われたら平気でやっていたと思う。

イトヨー、ハローマック、サンワ、片っ端から見《み》漁《あさ》った。当時の僕にとってハローマックとサンワが立ち並ぶ城東のあの一角はマンハッタンだった。

月５００円のお給料（お小遣い）で子どもをやらせてもらっていた僕にとって大金で欲しいものを買える年に一度のチャンス。冬のボーナス（お年玉）の収入を予測し、お目当てのゲームが安く販売される日をロックオン。そして社長（父）に連れて行ってもらう日にちを交渉する。年末は毎日がとにかく楽しかった。

子どもの頃を思い出すたびにいい会社（家族）に就職できた（育てられた）なぁと思うんです。今年は数年ぶりに東京で年を越しました。春には満開の桜を見に帰りたいですね。今年もよろしくお願いします。

「有吉の壁」ロケにて。チョコレートプラネット松尾さんと筆者

母との取引

2021年2月4日（木曜日）

最近は行く機会もだいぶ減ったがCDショップが好きだ。そのルーツは弘前で過ごした少年時代にある。

僕が弘前にいた1980～90年代は音楽産業にとって激動の時代だったように思う。聴くツールがレコード、カセットテープ、CDと著しく進化を遂げ、その時代の流れを雪深い城下町に居ながらもしっかりと感じた。

初めてレコードを買ってもらった時のことをよく覚えている。6歳のころ、イトーヨーカドーで。お店は新星堂《しんせいどう》だったと思う。

我が家は寝る時に丹前《たんぜん》を着ていたのだが、僕は茶色の丹前に「ぜん君」と名前をつけてどれだけボロボロになっても捨てようとしなかった。おねしょ癖もあったので、茶色だし小便臭いしで母からしたらもう汚物としか認識していなかったかもしれない。母が捨てさせてと言っても僕は絶対に離さなかった。ここで母が取引を持

「有吉の壁」ロケにて。チョコレートプラネット松尾さんと筆者

ちかけてきた。「ぜん君捨てたら好きなレコード買ってあげるよ」。当時チェッカーズが大人気で僕も大好きだったからレコードはどうしても欲しかった。でもぜん君とは4年近くの付き合いだ。簡単に手放すわけにはいかない。

僕はぜん君を捨てた。

人生初の取引成立の瞬間だった。ぜん君と引き換えに「哀しくてジェラシー」を買ってもらった。その夜新しい丹前を着せられたのだが、まだなじんでなくて新品特有のパリッと感もあって匂いも無臭で、ぜん君を手放したことをとても後悔したことを覚えている。目先のものにつられると大切なものを失う、ということを学んだ気がした。

中学1年生のころ、父が東京の出張帰りに上野でダブルデッキのCDラジカセをお土産に買って帰ってきたことがあった。当時は気にしなかったがよく上野から持ち運んだな、と思えるサイズだ。念願のCDラジカセをゲットして僕は狂喜乱舞した。

早速CDショップデビューをするために勇気を出して土手町のJOYPOPSに突入してみたのだが、店内一面CDだらけで、恐らく店長さんであろう渋い感じのおじさんがカウンターの中にいて、場違い感がすごくとても緊張した。今まで相手にしたことのないタイプの雰囲気のあるおじさんだ。「ぼうや、ここはぼうやが来る場所じゃないよ」と綺麗な標準語で今にも言われそうな気がした。

駄菓子屋の丸首シャツ一丁のおっちゃんを相手にするのとは訳が違う。入店したからには何か買わないと…と勝手に身の危険を感じ、かっこつけたかったのだろう、新譜コーナーに平積みされていた謎の外国人女性アーティストのCDを買い、足早に退店した。

いざ家に帰り、初めて自分で買ったCDを念願のCDラジカセで聴いてみた。なんで僕はこのCDを買ってしまったんだ、とうちひしがれた。結局兄から岡村孝子のCDを借り、それを聴いた。「あなたの夢を、あきらめないで」という歌詞が心にしみた。

当時土手町には中古ショップも含めると6店舗くらいCDを取り扱っているお店があった。今は当時のお店は残っていないが、帰省して土手ぶらする度に跡地の前を通り懐かしんでいる。

サブスク（サブスクリプション）もいいが、自宅でCD一枚一枚を手に取るとそれにまつわる思い出が蘇《よみがえ》ったりもするので、僕はいまだにCDで買う派。JOYPOPSで買ったCDたちは今でも現役だ。

あ、余談ですが、処分されたと思っていたぜん君は後に祖母が継ぎはぎをしてくれて「サイボーグぜん君」みたいになって戻ってきました。

父と

母と

ゲームへの飢え

2021年3月4日（木曜日）

今年で43歳になるのだが、まだゲームがやめられない。休みの日に出かけることはほとんどないのだが、欲しいゲームがある時のフットワークの軽さは異常だ。手に入るまで何店舗でも回る。おそらく本当にゲームが好きなんだと思う。そのルーツは弘前で過ごした少年時代にある。

小学1年生のころ、我が家にファミコンが登場した。僕がプレイできるのは小学6年生の兄が帰ってくるまでのほんの2時間弱。兄はだいたい友人を連れて帰ってきてファミコンを独占した。みんな体も大きく僕にとっては地獄の集団だった。しんや君という太っている人のことを特に覚えている。兄と兄の友達にいじめられた訳ではない。ただ小6で太っている、というだけで小1の僕にとって悪の象徴的存在だった。「あの軍団が現れる前に！」と必死でスパルタンXという格闘ゲームをプレイした。ヒートアップし過ぎて喘息の発作を起こしたこともある。それでもプレイを続けた。時間が限られていたから。この頃にゲームへの飢えを植え付けられたのだと思う。

小学3年生のころ、PCエンジンという次世代機が発売された。2万5千円くらいだったと思う。僕はあることを計画した。自分で買おう、と。自分で買ったゲーム機なら独占できると思ったのだろう。

その年のお年玉の収入は3万円だった。忘れもしない1988年の1月3日、決行日だ。お年玉を持ち、一人で土手町に向かった。多分一人で土手町に行ったのはこの時が初めてだったと思う。今はなくなってしまったが、「おもちゃのふせ」というステキなおもちゃ屋さんがあった。紀伊國屋書店の斜め向かいくらいの場所だった。お店に入るとレジ前のショーケースにPCエンジンがあった。あの鍵のかかったショーケースの中から救い出すお金が僕にはあるのだ。僕はお年玉を全額はたいて購入した。本体を買ったらソフトを買うお金がなくなった。そんなのお構いなしだ。ついに自分のゲーム機を手に入れたのだから。

お店でどんなやりとりをしたのかは覚えていない。親に内緒で3万円の買い物をした興奮が僕の脳を溶かしたからだろう。自分の下半身ほどの大きい袋を持って意気揚々と帰宅した。

母に即逮捕された。そりゃそうだ。3万もの大金を親の許可なく使ったのだから。引くほど怒られた。PCエンジンを我が物にできたのはほんの数分。ほぼUターンに近い状態で僕は母とおもちゃのふせにいた。母が菓子折りを持ってお店の人に謝り、PCエンジンは返品。代わりに「銀河の三人」というファミコンのゲームを買った。お店の人はこの展開を予想できていたかもしれない。小3のくそ坊主が一人で現れ3万円で本体だけ買って消えていったのだから。謎過ぎただろう。

この経験がいまだに僕をゲーム屋へと貪欲に走らせるんだと思う。雪の中の3万円の買い物。大冒険だったんだろうなぁ。

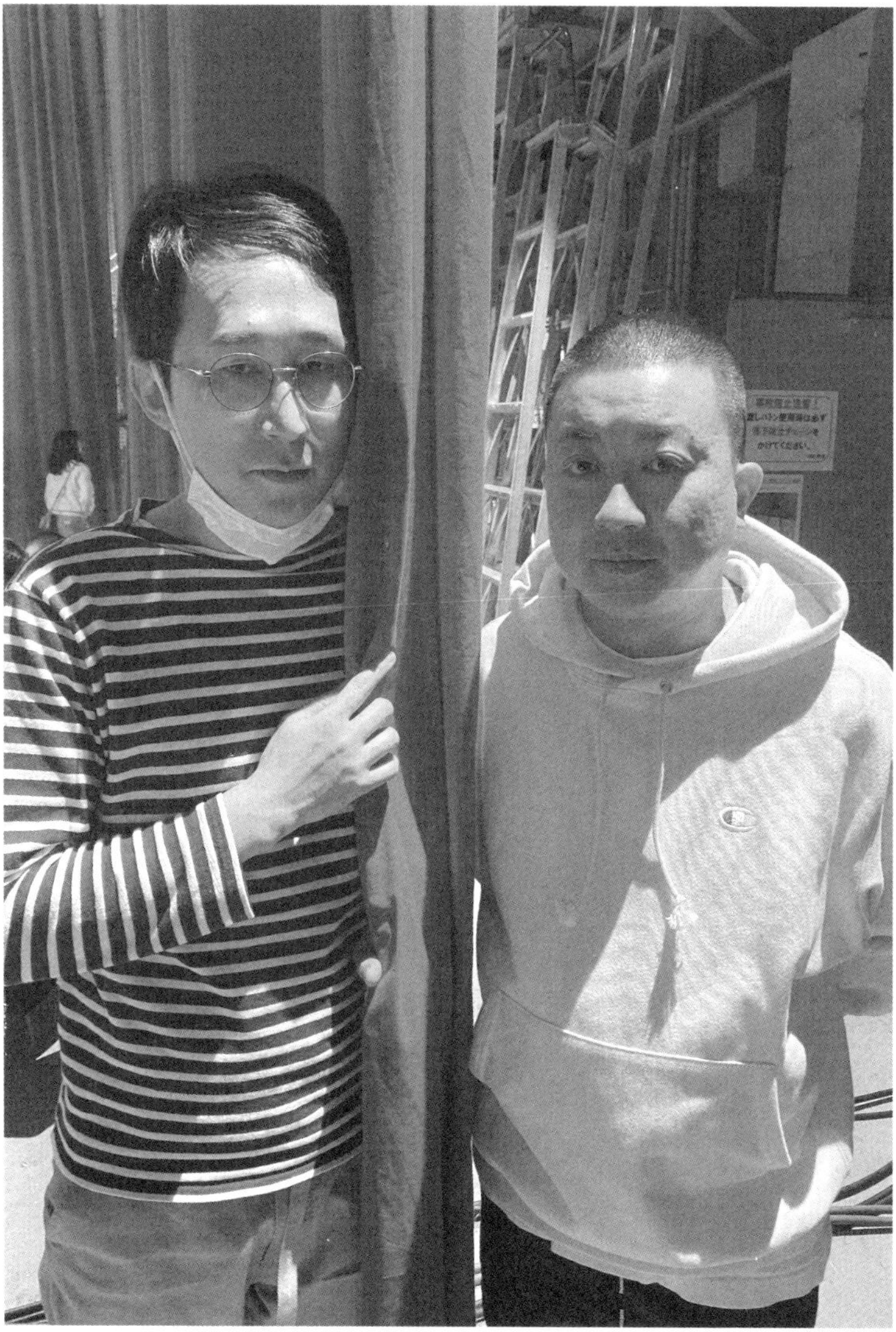
都内スタジオにて。チョコレートプラネット松尾さんと筆者

さくらまつり

2021年4月1日（木曜日）

4月はこの年になってもなんだか心が躍る。僕は4月が好きだ。そのルーツは弘前で過ごした少年時代にある。

人生の最期は弘前で迎えたいと思っているのだが、それが叶わないなら生きているうちにもう一度だけ弘前で4月の一カ月を過ごしたい。それくらい弘前の4月が好きだ。3月と比べて明らかに空気の色が違う。

僕の中で4月の一大イベントと言えば小学校の運動会だ。走るのも飛ぶのも玉を扱うのも何もかも苦手だった。それでも運動会が好きだった。4月のあの空気の中、ビニールシートを敷いて家族、親戚みんなで弁当を食べるのが本当に楽しかったのだろう。

そしてなんといっても弘前市民にとっての一大イベント、弘前さくらまつりがある。弘前にいるころは弘前の桜の素晴らしさがよく分かっていなかった。なにしろ弘前の桜しか見たことがないのだから比べようがない。ありがたみを感じたこともなかった。

小中高あらゆるグラウンドに大量に植えられているし、春になるとやたらと咲くあいつ、くらいの感覚だった。42歳となった今は幹にそっと手を添えて「やぁ。待ってたよ」と良い声で語りかけられるようになった。

弘前の桜の素晴らしさに気付けたのは上京してからだ。東京の桜は花びらも木も小さい。弘前の桜のあのモリモリっとした咲き誇ってる感じがないのだ。ひねくれ者の僕は東京で花見はしない。花見見（はなみみ）をする。「わ～、キレイ！」と東京の小ぶりな桜に感動している花見客を見て「ふっ。この程度の桜で…？」とニヒルに笑う。これが花見見だ。そう、ただのイヤな奴だ。

さくらまつりは女子をデートに誘う口実にも使えた。初めてデートをしたのは中3の時。当時好きだった子とさくらまつりに行った。しかし道中クラスメイトに会うわ会うわ。さくらまつり時の弘前市民の弘前公園集合率は異常だ。思春期まっただ中だった僕は、女子といるところを見られたのが急に恥ずかしくなり、帰り道は少し前を歩きいっさい口をきかなかった。別れ際のあの子の悲しそうな顔はいまだに覚えている。

どうかこの連載を読んでいる中高生のみんなにはそんなことをしないで欲しい。そしてデートをしている同級生を見かけても冷やかさないであげて欲しい。長い冬を超えてやっと迎えた春なのだ。恋をしよう。恋を応援しよう。

弘前公園のボートに一緒に乗ったら別れる、という伝説は今でもありますか？

そんなことありませんからね。

バラエティー特番「疾走！エイトマイル」のロケにて。
チョコレートプラネット松尾さんと筆者

おばさんたち

２０２１年５月13日（木曜日）

僕はおばさんが好きだ。こう書くと熟女好きのように思われるかもしれないがそういう意味ではない。おばさんという存在そのものが好きなのだ。おばさんの前では今でも一少年に戻れる。そのルーツは弘前で過ごした少年時代にある。

僕はネタの中でおばさんキャラをしょっちゅう演じる。取材でも「なぜそんなにおばさんになるのですか？」とよく聞かれるのだがはっきりとした答えは毎回出せない。でもおそらくシンプルにおばさんが好きだからなのだと思う。この機会にそのルーツも探ってみたい。

思い返してみれば僕の周りはおばさんが多かった。まず親戚周り。ちょっと足を伸ばせば会える距離に8おばさんはいた。元気でおしゃべりなおばさん、物静かで品のあるおばさん、おしゃれで美人なおばさん。さまざまだ。

そして母親周り。小学生時代、母は生協を利用していて仲良しおばさんグループでまとめて食品を買い、それの分配会みたいなことをよくやっていた。みなさんもご存知《ぞんじ》だと思うが、おばさんは非常によく集まる。

2週間に1回くらいのペースでうちがその会場になっていて、学校から帰ってくると5おばさんはいた。お菓子作りの得意なおばさん。ソバージュの似合うおばさん。話し声の小さいショートカットのおばさん。こちらもさまざまだった。小学生1人に対しての5おばさんはもう天国だ。しかも僕は色白病弱喘息持ち。かわいがられないわけがない。

犬の散歩に出れば3おばさんは声をかけてくれた。回覧板を持っていけば2おばさんがお菓子をくれた。宵宮やねぶたなんかに参加した日にゃもう22おばさんはいただきだ。なんだ。いただきだ、って。

ここまで登場したおばさんは、8＋5＋3＋2＋22。総勢40おばさん。みんなに共通して言えるのが、とにかく優しかったということだ。

弘前で過ごした18年間、町に溢れるおばさんたちと長い時間を過ごしている間に僕の中に「おばさニズム」の種がまかれ、東京に出てその種が芽吹き今に至るのかもしれない。僕は東京で津軽のおばさんになった。

時代や環境の違いはあると思うが、都会で暮らすよりも田舎で暮らす方が明らかにおばさんとの接触回数は多いと思う。東京にいると他人に対しての無関心さや警戒心を少なからず感じる。青森の子どもたちには携帯の画面の中の世界にとらわれず、外に出てたくさんのおばさんたちと触れ合ってほしい。そしておばさんたちには僕にしてくれたようにたくさん声をかけてあげてほしい。携帯を捨てよ、おばさんに触れよう。

「有吉の壁」ロケにて。チョコレートプラネット松尾さんと筆者

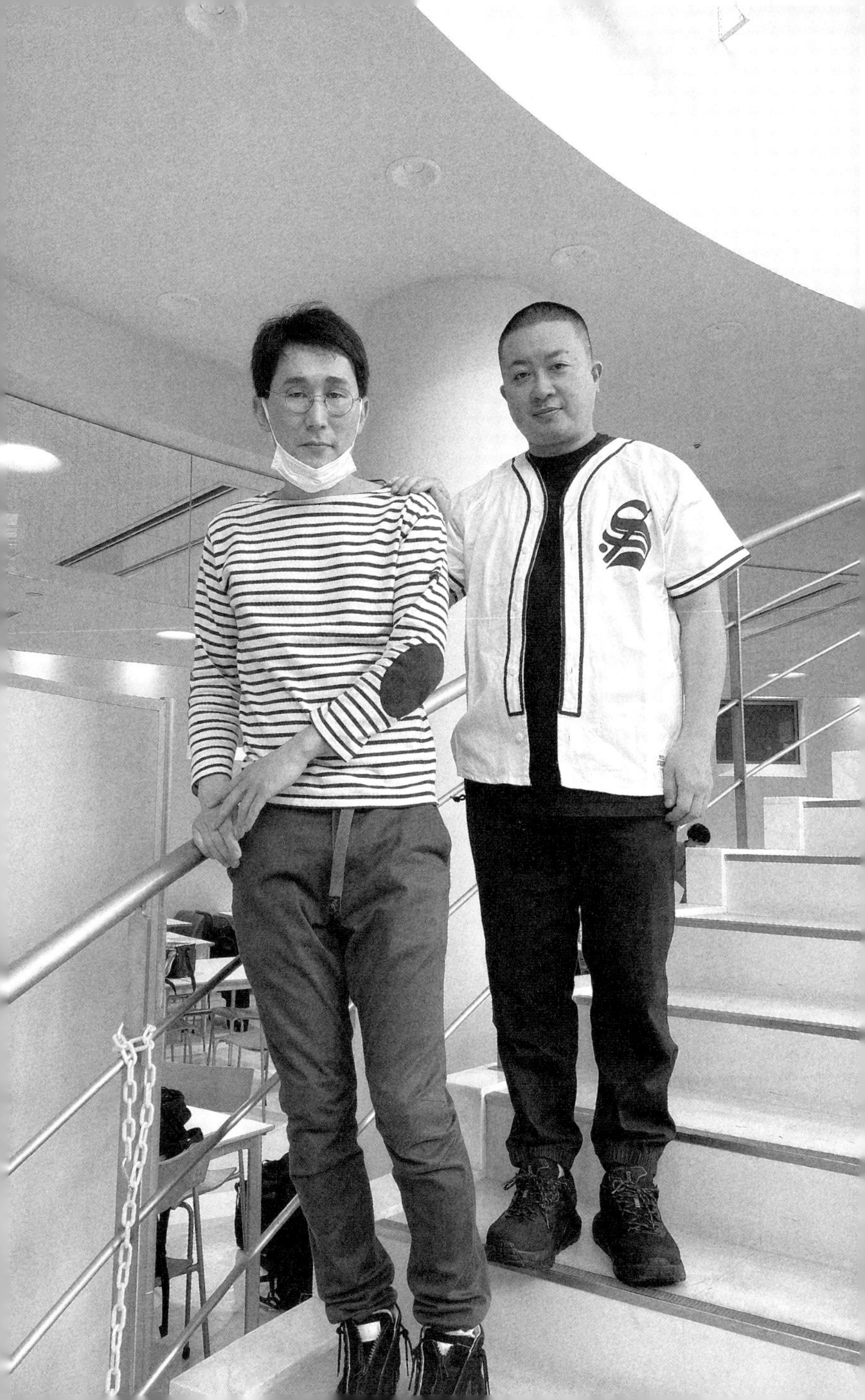

麻呂になる

2021年6月3日（木曜日）

僕は不良ではなかったが、ワルっぽく見られることを好む傾向がある。42歳になった今でもだ。そのルーツは弘前で過ごした少年時代にある。

小学校を卒業し、中学入学までの一カ月間の不安な気持ちは今でもはっきりと覚えている。中学生になれる！　というワクワク感はいっさいなかった。母と土手町のスクールショップさいとうに学生服を買いに行った。初めて袖を通す学生服の着心地の悪さに、大人になることを強制されているような気がした。もう少し子どもでいたかった。

中学に入学し不安は的中した。ほんとにこの前まで小6だったのか？　と疑いたくなるくらい仕上がった目つき、振る舞いの生徒がいるのだ。不良予備軍だ。

「のす」という津軽弁を初めて耳にしたのも中学時代だと思う。何かに怯えながら学校へ通うことになるなんて小学校上がりたての僕には思いもよらなかった。

当時は「特攻の拓」「今日から俺は」など不良漫画がとにかく多く、その影響もあり僕は不良に憧れた。だが入学時150センチしかなかったもやしっ子が不良になれる訳もなく、なんとなくワルぶることで自分の居場所を確保していた。

中2の頃、「ろくでなしBLUES」という不良漫画にハマり、登場人物の勝嗣の細眉をマネしてみようと思い母にT字カミソリを貸してほしいと頼んだ。父が髭《ひげ》を剃る姿は何年も見てきたので、見よう見まねでカミソリを眉毛に当てた。

〝麻呂《まろ》〟になった。

Tの部分を眉に乗せ、そのままズリッと下ろしてしまったのだ。カミソリを渡した数分後、洗面所から麻呂になって戻ってきた公家のような息子を見て母はなんと思ったのだろう。

翌朝、母は化粧道具から眉ペンを持ってきてくれた。登校前の息子に眉を書き足しながら母はなんと思ったのだろう。その日は体育で柔道の授業があった。体育教師は学年一怖いとされている西谷先生だった。柔道部顧問でもあった西谷先生の授業は礼に始まり礼に終わる。生徒一同正座をし「ありがとうございました！」と礼をし、顔を上げた瞬間、西谷先生の目が僕に止まった。

「次郎！　なんだその眉毛！」

開始の礼の時には存在していた母に書き足された眉毛が、終わりの礼で顔を上げた時には柔道でかいた汗できれいさっぱり落ちてしまっていたのだ。

〝麻呂〟は見つかった。授業終わり西谷先生に眉毛を剃ったことを死ぬほど怒られた。「じろうとは、麻呂のことか？」とでも言えば笑って許してもらえたのだろうか。

あの日以降僕は悪ぶるのをやめた。ただその名残は今も残っている。

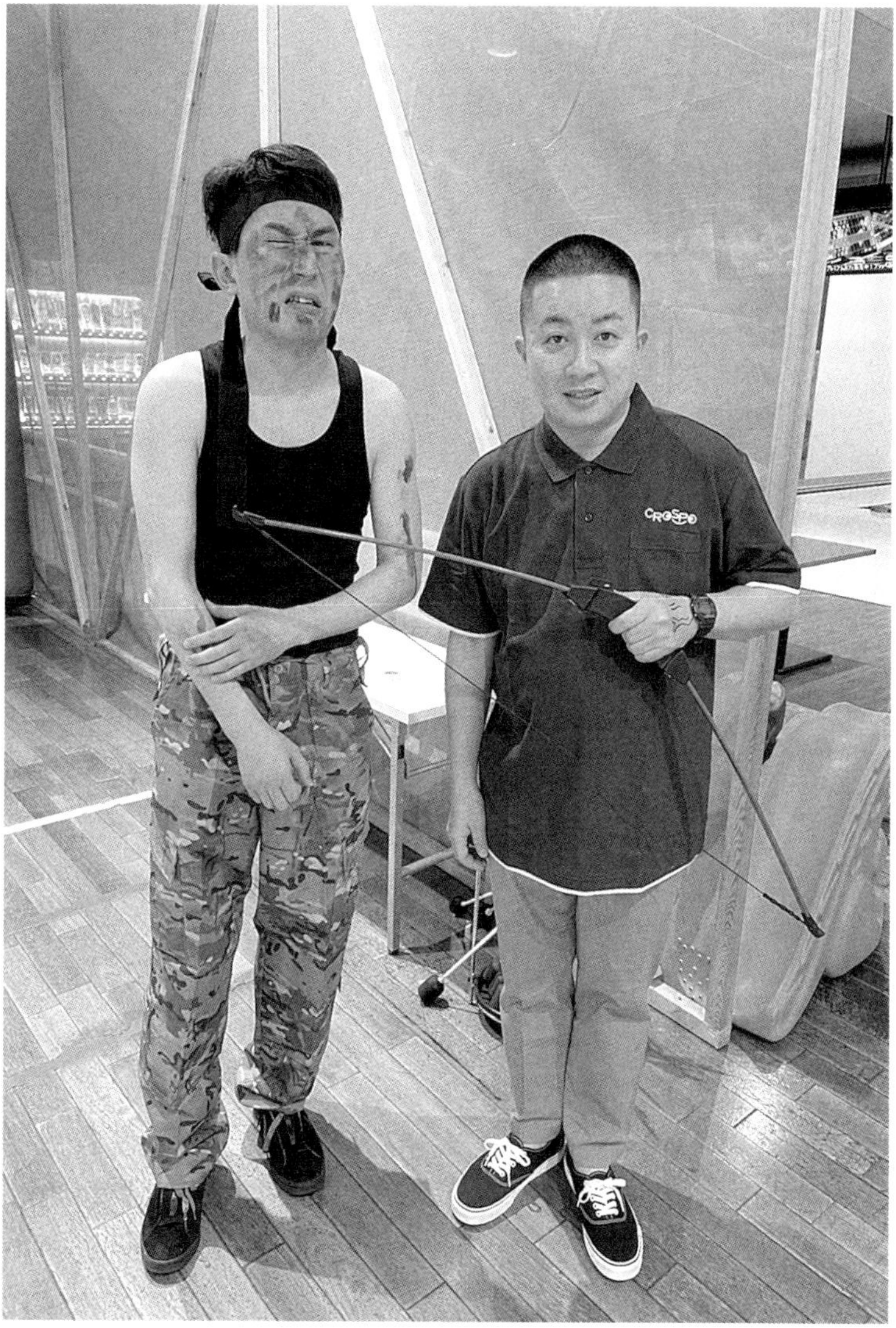

「有吉の壁」ロケにて。チョコレートプラネット松尾さんと筆者

お菓子の缶

2021年7月1日（木曜日）

僕はお菓子の入った缶や瓶が好きだ。そのルーツは弘前で過ごした少年時代にある。どの程度の人が再利用してるかわからないが、僕はお菓子が入った缶やケーキ屋のプリンが入った瓶などを食べ終えたからといってそのまま捨てることがまずない。必ず何か当初入っていたものと違うものを一度は入れ、ひと仕事させてから廃棄する。ちょっと大きめの瓶はそのままグラスとして使用したり、お花を生けたり。これは完全に母の影響だ。

母は缶系はもちろん、紙袋も相当数ストックしていた。何かを持たせる時は必ず階段下の収納の大量の紙袋の中から見繕って渡してくれた。一番多かったのは当時土手町で僕の中のナンバーワンホットスポットだった「カネ長武田《ちょうたけだ》」の紙袋だ。

お父さんお母さんがあまりお小遣いをくれない、と悩んでいる中高生のみんなは「カネチョーさ行ぐがら金ちょー」と言ってみてほしい。当時の全小学生が一度は口にしたことがあるダジャレだ。必ず笑い、そしてお小遣いをくれるだろう。
缶の再利用率第1位は「ヨックモック」の缶だ。今の東京の家にも再利用してい
るヨックモックの缶が何個もある。実家にいるときはゲームボーイのソフト入れと
して長年重宝した。
あの長方形のえんじ色の缶は僕の中で東京そのものだった。母に刷り込まれたの
か覚えていないが、物心ついたときにはヨックモックは東京でしか買えない高価な
お菓子、という認識だった。母の中でヨックモックはちょっとランクが高めの来客
用のお菓子らしく、遠方からお客様が来た時だけ朱色の漆塗りの器に入れて出して
いた。
キーポイントは正装だった。正装した人が来ると大体テーブルの上には朱色の器
が出された。僕は来客の方との会話もそぞろに、津軽弁を披露するからどうかヨッ
クモックを食べ切らないで帰ってくれ、と切に願ったものだ。
いまだにあのえんじ色の缶を目の前にすると、早く食べたいという感情はもちろ
ん、食べ終わったあとあの缶に何を入れよう、という収納欲まで湧き起こすのだか

らお菓子としての理想系だと思う。

もしまだヨックモックを食べたことがない人がいたら自分で買わず誰かからもらってほしい。あれは頂き物の最高峰だと思う。そして缶は必ず再利用してほしい。

「有吉の壁」ロケにて。チョコレートプラネット松尾さんと筆者

初めての嘘

2021年8月5日（木曜日）

先月で43歳になった。この年になっても変わらない自分の性格に頭を悩ませている。嫌なことは本当にやりたくないのだ。いい年した大人になってこんなにイヤイヤ言っってていいのか？　この性格のルーツは恐らく弘前で過ごした少年時代にある。

自分が初めて嫌なことから逃げ出そうとしたことはなんだろう、と記憶を遡《さかのぼ》ってみた。すぐ思い出せた。スイミングスクールだ。

喘息ボーイだった僕は小学2年生から母にヤクルトスイミングスクールに通わされた。通わされた、って。僕のためを思って月謝も払ってくれていたのにひどい言い草だ。でもその当時はそうとしか思えなかった。

スクールの送迎バスに乗って通うのだが、独りぼっちだし、知らない子どもだらけだし、泳いだことなんてほとんどないし、もーとにかく嫌だった。

自分がはっきりと記憶している人生初めての嘘もスイミングスクールだ。泳ぎたくなさ過ぎてコーチにお腹が痛いと嘘を言った。これで休める、と思った。だが人生そんなに甘くない。

事務室に連れて行かれてこれを飲んで休んでなさい、と、胃腸薬を渡されたのだ。人生初の錠剤。見た目はウサギのうんこ。そしてあの匂い。固いものを噛まずに喉を通した経験がないので、飲み方がわからず、「ええいままよ！」と薬を噛んだ。

死んだ。

噛んだことであの特有の激臭が鼻腔《びくう》を通過し顔全体に広がり、その衝撃で僕は大泣きした。コーチはお腹が痛すぎて泣いていると思ったようだが、嘘をついたことへの罪悪感とウサギのうんこのような薬を噛んだことへの後悔の涙だった。

運動神経の悪さが相当なコンプレックスなのだろう。嫌なことから逃げ出す性格は間違いなくスポーツが原因だ。

小中高、運動部に在籍していたがしょっちゅう嘘をついてサボった。レギュラーになれたのは部員が少なかった小学校のサッカー部だけ。フォワードだったが3年間で1点も取れなかった。中学はバレー部。1年生で僕だけサーブがネットを超えなかった。

隣のコートに好きな女子バレー部員がいて、その子に僕だけ下手打ちでなんとか届かせようとサーブ練習をしている姿を見られるのが本当に嫌だった。高校は空手部。女子との組み手が痛過ぎて、惨めになって辞めた。

自分の部活人生を振り返って泣けてきた。なんて惨めな学生時代なんだ。幸い友人に恵まれたことと、人を笑わせることへの喜びを知れたことでなんとか乗り越えられたのかも知れない。

振り返ったことで自分の生き方が定まった気がする。やりたくないことはやらなくていい。恥はかき捨てだ！　その代わり好きなお笑いにだけは全力で取り組もう。それでいい。

「有吉の壁」ロケにて。チョコレートプラネット松尾さんと筆者

とにかく、むく

2021年9月2日（木曜日）

料理はほとんどしないのだが下準備を手伝うのは好きだ。そのルーツは弘前で過ごした少年時代にある。

母はとにかく何かをむいていた。夜な夜な何かをむいていた。むくのを副業にしているのか？　と思ってもおかしくないくらいとにかく何かをむいていた。その影響で小学生のころ、僕も母と一緒に相当な数のものをむいた。

一番多かったのはタケノコだ。僕は青森でしか食べたことのないあの細長いタケノコの正式名称をこれまで知らなかった。連載の担当者によると、ネマガリダケというらしい。青森を出てからあのタケノコに出会ったことがない。あれをむくのは楽しかった。一枚、もう一枚、と皮をむくと少しずつ細くなっていき、食べられる実の部分が出てくる。皮の下からたまに小ちゃい芋虫が出てきたりなんかもして、お菓子のおまけ感覚で喜んだ。

その次にむいたのは煮干しだ。むくというよりは「頭をもぐ（頭を取る）」と言った方がいいかもしれない。煮干しも相当な数もいだ。母も晩年は出汁パックのようなものを使っていたが、僕が子供の頃は恐らくなかったのだろう。朝のみそ汁の出汁は直接煮干しから取っていた。

朝起きて台所へ行き、自分が昨晩頭をもいだ煮干しが鍋の中で煮立っているのを見るとそれだけで興奮した。タケノコのみそ汁が出された日なんてもう狂喜乱舞だ。自分が手伝ったものが食卓に並ぶのを見るのが好きだった。一役担っている感じがうれしかったのだろう。

サヤエンドウもよくむいた。ヘタの部分をプチっとはがし、そのままつつつーと下に引っ張ると筋がきれいに取れるのが快感だった。

菊の花もよくむいた。リンゴは人生で通算何個むいたか分からないし、嶽きみもよくむいた。肉まんもなぜか表の皮を全部むき、丸裸にしてから食べるのが好きだった。

僕は母の英才教育で完全なる「むき坊や」となった。

何かをむきながら母から色んな歌も教わった。「ハゲとハゲがけんかしてどっちもケガ（毛が）ねでよがったな～」という謎の替え歌や、「秋田音頭」を覚えたのもこの頃だ。

シソンヌとしてコンビで全国47都道府県ツアーをやっていた時は、秋田公演のエンディングで秋田音頭を歌うと、秋田の皆さんは手拍子をしながら「は～それそれ」と合いの手を入れてくれた。田舎ならではのその光景は昭和の旅一座かのようだった。

これを書いていて気付いたのだが、かさぶたをはがすのが未だに好きなのは、皮むきを散々手伝ってきたからなのかもしれない。

最近は下処理済みの食材が増えてきているが、夜な夜な母の手でむかれた何かを食べられたことは幸せだった。

「有吉の壁」ロケにて。チョコレートプラネット松尾さんと筆者

BOSE
KICK BOXING
ENJOY
pop'n music
Play pop'n with your favorite music!

戸田のうちわ餅

2021年10月7日（木曜日）

差し入れにお団子があると「一人一本まで」と書かれていても1回記憶を失くしたふりをして平気で2本目もいく。言い換えれば泥棒をしている。犯罪だ。我を失い犯罪に手を染めてしまうくらいお餅に目がない。そのルーツは弘前で過ごした少年時代にある。

学校から家に帰ったときにテーブルの上に置かれていて嬉しいものナンバーワンは圧倒的にお餅だった。現・大成小学校の向かいに通称「もち屋」と呼ばれている駄菓子とお餅を売っている小さなお店があって、学校帰りにショーケースの中に並んだお餅を見るのが好きだった。

うちの近所には美味《おい》しいお餅を売っているお店が多かった。よく食べたのは品川町の「開源堂川嶋」のお餅。串に刺さった横3センチ縦4センチくらいの小さなお餅で、周りは餡《あん》で包まれていた。

小豆色の餡と、ちょっと黒っぽい餡と、鶯色の餡と3種類あって、子どもの口でも一口で食べられるサイズだったので、食べながら次はあの色、その次はあの色、と母に見つかるまで一人で〝餅無双〟を楽しんだ。

食べ終わったあとは、串についた餅を前歯で噛み、ぐりぐりぐりぐりぐり引き抜く。その行為に青函トンネル開通工事をなんとなく妄想したりもした。開通工事を終えた串にはひとかけらも餅がついていなかった。

東京に住んで23年になる僕がいまだに好きなお餅第1位にあげるのが「戸田うちわ餅店」の串餅だ。数年前にお店が営業を再開してくれたときは本当にうれしかった。あれ以上においしいお餅を食べたことがない。

笹舟みたいな入れ物に茶色の甘くてどろっとしたタレが溢れんばかりに入っていて、そこに串の刺さった真っ白の丸くて平べったいお餅が気持ちよさそうに浸かっているのだ。あのタレのうまいことうまいこと…。

これでもかとお餅でタレを何度も何度もすくって食べるのだが、お店の方がたっぷりタレを入れてくれるので大体タレが余る。

ここからが至福の時間だった。タレの入った笹舟に顔を突っ込んでぺろぺろと舐めるのだ。これも母に見つからないようにやった。子どもながらにこれはとても悪いことをしている、という自覚があった。でもやめられなかった。

今でも帰る度に戸田のうちわ餅には絶対に寄っている。相方も僕が帰省すると知ったときは「あの串餅買ってきてくれない？」と一度食べさせてからすっかりとりこのようだ。あの串餅に出合ってなかったら、僕は餅泥棒の常習犯にはならなかったはずだ。あ〜、戸田の串餅が食べたい。

都内某所にて。チョコレートプラネット松尾さんと筆者

コーヒーとマドンナ

2021年11月4日（木曜日）

僕は喫茶店が好きだ。そのルーツは弘前で過ごした少年時代にある。初めて喫茶店に行ったのは忘れもしない、高校一年生の夏だ。

僕の母校弘前高校は浪人をして入ってくる生徒が何人かいるのが普通だった。同級生に一つ年上の生徒がいるのだ。中学卒業したての高一15歳と、中学卒業後1年間学校社会という束縛から開放されて自由に過ごしながら勉強をしてきた高一16歳では成熟度が全く違った。おませさんなのだ。

僕のクラスにも一つ年上の男子がいて、同じ空手部に入部したことで仲良くなった。彼はとにかくおませさんだった。浪人中に塾の先生と付き合っていた、というエピソードは声変わりもしていない15歳の僕には衝撃的過ぎた。

彼と仲良くなってから、僕は女子というものを中学時代とは違った目線で意識するようになった。中学時代にマイブームだった教室に置かれているクラス共有の国語辞典のエッチな単語に赤線を引き、女子がこれを見たらどう反応するだろうと妄想する、という謎の遊びは二度とするまいと心に誓った。

夏のある日彼から聖愛《せいあい》の女子を紹介してあげるよ、と言われた。こっちからそんなことは頼んだ覚えは一切ない。だが僕の心は不器用に踊った。聖愛…！　あのマドンナ校の女子と話せるなんて！　当時の聖愛は女子校で丸坊主の男子はいなかったのだ（甲子園おめでとう）。

僕は彼に連れられて土手町へと向かった。着いた先は喫茶店「カサブランカ」。人生で上ったことのない細くて暗い階段を上った。ドアを開けると、細い階段からは想像できないくらい広い空間が広がっていた。

「お待たせ」。彼が言葉を発した先には聖愛女子が2人座っていた。彼の中学時代の同級生らしい。つまり16歳。高校2年生だ。唇がほのかに赤く、紅をあしらっているようだ。きれいだった。

彼は慣れた感じで「ウィンナーコーヒー2つ」と注文をした。コーヒーなんて飲んだこともないし、聞いたこともない飲み物だ。出されたコーヒーにソーセージは入っていなかった。上に真っ白の生クリームがきれいに浮かんでいた。甘くて、ちょっと苦くて。ちょっとだけ大人になれた気がした。

2時間くらい過ごしただろうか。何を話したかは一切覚えていない。僕は終始うつむいていて、一言も話せなかったのだ。僕の初喫茶店はこうして終わった。聖愛女子の壁は高かったが、喫茶店に行った、という自信だけは得ることができた。

そのあとできた彼女をカサブランカに「ここ、わぁの行きつけ」という顔で連れて行けたのはあの苦い経験があったからだ。今でも喫茶店でウィンナーコーヒーを頼むとあの日のことを思い出す。

「有吉の壁」ロケにて。チョコレートプラネット松尾さんと筆者

風呂掃除大臣

２０２１年12月２日（木曜日）

僕は家事が苦手だ。掃除も洗濯も。部屋も片付いてないくらいの方が落ち着く。乾いた洗濯物を畳まずベッドの上に放置してそれにくるまって寝るのが好きなくらいだ。飼い犬がやったら激怒案件だ。そんな僕が唯一好きな家事がある。水回りの掃除だ。今回はそのルーツを探ってみる。

小学生時代何をして遊んでいたかを思い返したとき、砂遊びが真っ先に頭に浮かんだ。二大（第二大成小学校、今の大成小学校）のグラウンドには砂場があって、とにかくそこに山を作り、トンネルを開通させ、穴を掘り、トンネルに水を通し穴に水を貯める、という遊びをやたらやっていた。水と穴が好きだったようだ。

小学３年生頃、母から風呂掃除の任務を命じられた。名誉挽回のチャンスだった。湯船に浸かりながら小便をするということを当たり前にやっていたことが母にバレて死ぬほど怒られて以降、実家の風呂出禁になっていたことがあった。僕に風呂掃除を断るという選択肢はなかった。

母から青いホースと掃除用スポンジを渡された。母が風呂掃除をするところを何度か見たことはあったので、見よう見まねで始めてみた。水道の蛇口にホースを突き刺し、そこから水を浴槽全体に行き渡らせる。スポンジで擦り、再び洗い流す。ホースの先を指でつぶしてちょっとシャープなお水で、なんて余裕も見せたりして。意外に簡単だった。

だが、これだけで終わらないのが小学3年生だ。掃除をしながらずっっっと気になっていたことがあった。浴槽内に穴があるのだ。

手元には青いホース。目の前には未知の穴。
・・・。
数秒の葛藤はあった。でも無理だった。僕の好きな「水」と「穴」が揃ってしまったのだから。ホースをその穴にぶっ刺し僕は水を流し込んでみた。この穴はどこに続いているのか。どこにこの水は届くのか。

答えはすぐに出た。

ヘドロみたいなものが大量にその穴から出てきたのだ。その穴は追い焚きのときにガスが出る穴で、母もそこの掃除はしたことがなかったのだろう。内部にこびりついた焦げ茶色の水垢が大量に逆流してきたのだ。あの時の興奮は今でも頭にこびりついている。快感だった。

あの快感を脳が記憶しているから、部屋掃除は滅多にしないのに水回りの掃除は一回し出すと今でも止まらないのだと思う。小学生ってうんちが好きじゃないですか。穴から焦げ茶、はもうそれですよね。ちなみに母からは怒られるどころかそんなとこまで掃除したの？　とやや褒められ、実家を出るまで僕は風呂掃除大臣に任命されたのでした。

「有吉の壁」ロケにて。チョコレートプラネット松尾さんと筆者

イトヨーに寄る

2022年1月6日（木曜日）

2年ぶりに冬の弘前に帰ってきた。鍛冶町の喫茶店ルビアンでこの連載を書いている。現在氷点下8℃。カバンに入れて連れ回したパソコンがすっかりデカめのアイスノンだ。

空港から高速バスに乗り弘前駅前を経由して弘前BT（バスターミナル）に到着。弘前駅で降りた方が実家には近いのだが弘前BTで降りるのには理由がある。イトヨー（イトーヨーカドー）に寄りたいのだ。

僕はデパートが好きだ。そのルーツは弘前で過ごした少年時代にある。

小学生の頃、月曜日によく偶然を装って母の実家のそば屋「一力《いちりき》」に遊びに行った。僕には企《たくら》みがあった。一力は月曜日が定休日で、放課後僕と同い年の従兄弟の帰りを待ってイトヨーに行くことが多いのだ。

別に偶然を装う必要はないのだが、あからさまにイトヨーに連れて行ってほしそうにするのが格好悪いと思っていたのだろう。この辺りの思考は今の僕に通じるところがある。叔父から「じろちゃんも行ぐが?」のひと言が発せられると「んー…せば行ぐがな」と、たまたま居合わせましたし、せっかくなので、的な小芝居を打ちつつ内心飛び跳ねて喜んだ。

イトヨーに着くと叔父はお小遣いを500円くれた。当時の僕のお小遣いは15日と30日に父(社長)から支給される500円の計千円だったので、叔父から不定期に支給される500円は相当大きかった。今で言う副業というやつだ。その500円玉を握りしめ7階のゲームコーナーでバカみたいにはしゃぎ遊んだ。楽しかった。

1994年、弘前で革命が起きた。なんと駅前にダイエー(現ヒロロ)ができたのだ! イトヨーVSダイエー。当時は少年ジャンプ黄金期。「ライバル」とか「決闘」には滅法《めっぽう》弱い。悟空VSフリーザに匹敵する興奮を覚えた。

我が心はイトヨーとともに。そう誓ったはずだった。が、ダイエーのオープンセールのチラシでずっとほしかったスーパーファミコンが格安で売り出されることを知ってしまい僕は簡単に屈した。当時中学3年生で高校受験を控えていたのだが、母に「受験が終わるまで絶対にやらないから！」と懇願し、オープンセールでスーパーファミコンとファイアーエムブレムというソフトを買った。

事前の模試で判定はCとDと相当微妙だったのだが、やりたくてたまらないスーファミを横に置きプレイすることを夢見て受験勉強をする、という苦行を自分に課したことで高校に奇跡的に合格できた。ダイエーのおかげだ。

イトヨーとダイエーとともに過ごした高校時代は、輸入盤CDはダイエー、クレープはポッポ（イトヨー）、とどちらかに偏らないように気を遣いながら過ごした。あ、味噌ラーメンと服は中三《なかさん》で。3店舗とも僕にとっては大切な〝デパート〟だ。

都内スタジオにて。チョコレートプラネット松尾さんと筆者

100人に1人

2022年2月3日（木曜日）

大学入学共通テストの翌日、購読している朝刊には必ず試験問題が掲載される。その中から英語の問題だけは後で挑戦してみよう、と必ず取っておく。実際は挑戦しないで終わることが多いのだが。でもそれくらい僕は英語が好きだ。そのルーツは弘前で過ごした少年時代にある。

お笑い芸人を目指す前は英語の仕事に就きたいと思っていた。学校の部活動は全て途中で投げ出してきたが、ＥＣＣ（英会話スクール）だけは小学5年生から高校を卒業するまで9年間通った。標準語でひとり言を言うことはないのだが、津軽弁の次にひとり言として登場することが多いのが英語だ。ｉＰｈｏｎｅ（アイフォーン）でアラームを設定するときもスマホの音声アシスタント機能を使い「Ｈｅｙ Ｓｉｒｉ（ヘイシリ）」と英語で話しかけることを徹底している。

ＥＣＣに通い始めたのは姉の影響からだった。母から「あんたも行くか？」と言われてなんとなく通うことにしたのだが、学区外の文京町にあったので、違う小学校に通う子ども7～8人と英会話を習うのは、突然心をふさぎ込む癖があったじろう少年にとって結構な心の負担だった。なんとなくどころか、自分を奮い立たせて毎週通っている感覚に近かった。

それでもやめずに続けられたのは先生が良かったからだ。僕にとって細井先生はスーパースターだった。とにかく英語がペラペラなのだ。英会話の先生なのだから当たり前のことなのかもしれないが、1980年代の弘前であんなに英語がしゃべれた人は細井先生しかいなかったと思っている。反抗期まっただ中の中学時代に真面目に通えたのは先生に言われた一言があったからだ。

「日本人でyearとearのイの発音が区別できるのは100人に1人なの。あなたはそれができてる」

中学時代というのは自分の存在意義を初めて模索する年頃だ。全くモテなかったし部活も中二で辞めたし学業の成績も振るわなかったが「わぁのイの発音は100人に1人だ…」。この一本の刀だけをよりどころに、英語だけはサボらずにやろうと心に誓った。

5年くらい前に細井先生に自分のＤＶＤを持ってあいさつに行った。お会いするのは15年振りくらいだったと思う。

「あなたのネタ見てるよ。英語のネタもあったね」

僕は固まった。僕らのネタでスティーブ・ジョブズをパロディーにした、スケーベ・ジョブズというスケベな外国人がｐｉ－ｐｈｏｎｅ（パイフォン）という女性のお胸の形をした最新型スマートフォンのプレゼンをする、という低俗極まりないネタがあるのだが、どうやらそれを先生が見たらしいのだ。先生は自分の教え子が全編英語でとんでもない下ネタを繰り出す姿を見てどう思ったのだろう。

先生、あのネタは芸人１００人に１人しかできないネタだと思います。当時よりどころにした刀は、今でもしっかり懐に忍ばせている。

「有吉の壁」ロケにて。チョコレートプラネット松尾さんと筆者

外国人女性への憧れ

2022年3月3日（木曜日）

僕は外国人女性への憧れが異常に強い。物心ついたときには国際結婚がしたいと思っていた。今回はそのルーツを探ってみようと思う。

初めて外国人と接触したのは1985年、僕が小学2年生くらいの頃だ。弘前市内に突然外国人の集団が現れた。記憶している方も多いかもしれない。モルモン教の宣教師さん達だ。

ヘルメットをかぶって、走るタイプの自転車で颯爽《さっそう》と走り去る姿は、津軽の田舎坊主には相当センセーショナルだった。彼らはとても気さくで、学校帰りに出くわすとよく話しかけてくれた。実家から数メートルのところに拠点があったので、週末はそこに姉と一緒に遊びに行ったりした。ここで外国人への免疫ができたのだと思う。

それから数年後、僕はついに海外の女性に恋をした。88年、ソウル五輪が開催された。学校から帰りテレビをつけると、女子の体操種目が行われていた。僕は一人のソ連の選手に心を奪われた。ボギンスカヤ。こんな覚えづらい名前をいまだにしっかりと覚えているなんて、相当とりこになったのだろう。

小柄な体操選手の中で1人だけスラっと背が高く、グラマーで、「ああ、なんぼきれいなお姉さんなんだ」と、ソウル五輪中はボギンスカヤのことばかり考えていた。国語、算数、理科、ボギンスカヤ。だが悲しいかな、恋の相手はブラウン管の中。恋が成就することはなかった。ここで外国人女性への憧れが芽生えたのだろう。

小学5年生頃のある日、父が衝撃的な発言をした。

「三沢基地で暮らしてるアメリカ人の女の子2人がうちさ1日だけホームステイしにくるはんで」

アメリカ人の女の子が2人も⁉ 我が家に⁉ 次のオリンピック開催地が我が家になりました、と言ってるようなものだ。

その日が待ち遠しくて仕方なかった。男宣教師、ブラウン管の中のソ連女性、そしてついに生身のアメリカンガールと出会えるのだ。来る日も来る日も、「我が家五輪」のことばかり考えていた。

だがここで悲劇が起きる。お決まりの小児喘息だ。はしゃぎすぎたのだろう。ホームステイ前日に発作を起こし、僕は布団の中で彼女達を迎えることになった。玄関の引き戸が開き、楽しげな声が聞こえてくる。一通り挨拶《あいさつ》が終わったであろうタイミングで母が僕を呼びに来てくれた。もっとおめかしして会いたかったのに、パジャマにちゃんちゃんこ。最悪のコーディネートだ。

お姉さんは15歳くらいで、髪はブラウンでちょっとウェイビーな感じで緑色のワンピース。とてもきれいな子だった。妹はお姉さんと違って、ブロンドの髪で肌の色が真っ白で、映画の主人公のような子だった。恋に落ちるなら年齢的に君かな、と勝手に思ったりもした。

だが泊まりにきた家の奥から不健康そうな少年がこの世の終わりみたいな顔で咳をしながら出てきた時、彼女達はきっとこう思ったはずだ。「気まず…」と。

国際結婚したかったなぁ。

「有吉の壁」ロケにて。チョコレートプラネット松尾さんと筆者

カツアゲされる

2022年4月7日（木曜日）

僕は財布への警戒心が異常に強い。外を歩いている時に何度もお尻の右ポケットを触り財布があることを確認する。この癖のルーツは弘前で過ごした少年時代にある。

小学校3年生頃、弘前三中の近くにファミコンショップというお店ができた。グーグルマップで確認したところ、今の弘前進学学院があるあたりだ。「おっちゃん」と呼ばれている50代半ばの歯の大半を失った優しいおじさんが店長で、カセットの貸し出し、中古カセットの販売、有料でのゲームプレイを主に経営していた。

ファミショップは僕の通っていた二大（第二大成小学校、今の大成小学校）からは少し距離があった。二大は学区内に中学校がなかったので町の雰囲気はとても平和だ。中学校が学区に混ざってくるとほんと微妙な差なのだが、小学生ならではの感覚で不穏な空気を街に感じる。なので三中生や五中生の行動範囲内に位置するファミショップに行くのは結構な冒険だった。当時ファミコン人気は絶頂で、いつ

都内某所にて。チョコレートプラネット松尾さんと筆者

行っても店内は色んな学区の小中学生で溢れていた。そして事件は起きた。

ファミショップでゲームボーイの中古のテトリスを買い、意気揚々と駐輪場へ行くと僕より体の大きな中学生が2人いた。自転車にまたがりにやにやとこっちを見ている。僕の頭の中に「ビー・バップ・ハイスクール」の文字がよぎった。大人気不良映画で見たことがあるにやにやだった。

あなたたちは私の視界に入ってませんよ、の雰囲気を精一杯出していそいそと自分の自転車にまたがり駆け出した。「どうか付いてきてませんように…」と振り返ると、ちゃんと付いてきていた。付いてきてほしくない中学生は大体付いてくる。

小学生あるあるだ。

なんとか彼らを撒《ま》こうと、角を曲がった瞬間猛スピードで漕《こ》いだが、僕の目の前にキキー!っと急ブレーキを踏んで自転車が割り込んできた。止まらざるを得なかった。僕はあまりの恐怖でまだ何も言われてないのに泣いていた。

ここからの手口はとても巧妙だった。演出家が入ってるんじゃないか?と思うくらい僕の心理状態を巧みに揺さぶってきた。一人が善人、一人が悪人を演じるのだ。

悪役は僕の周りを自転車でぐるぐる走り回る。善人役は僕の肩を抱き「大丈夫だはんで」と言い安心させる。次の瞬間、悪役が僕のお尻のポケットからはみ出ていた千円札を奪い、それを高々と掲げ「うぇ～い！」と叫ぶ。うぇ～い！に呼応するように僕も「うわぁ～ん！」と泣く。するとまた善人役が僕をなだめ、悪役に「やめろって！　怖がっちゅうべよ！」と怒る。

この人はもしかしたら僕を守ってくれるんじゃないか?と思ったのもつかの間、自転車のかごの中に入っていたテトリスを善人役がバッと奪い二人は自転車で走り去って行った。

テトリスと千円だけでなく人間への信用も失って、ぼろぼろで自宅に着くと学校帰りの姉がいた。姉は泣きじゃくる僕を見て、

「どうしたの！」

「カツアゲされた」

「どこで！！！」

「厚生学院の坂の上あたり」

ものすごい剣幕《けんまく》だった。あんな怒ってる姉を見たのは初めてだった。場所だけを聞き自転車で駆け出して行った。数分後姉は戻ってきて「いながった！」と言った。大した特徴も聞かずに探しに行って見つけられるはずもない、と思ったが姉の一連の行動で人間への信用は少し取り戻せた気がした。

あの一件以来、僕はお尻の財布の確認を怠らない。

姉と

「やすくせ屋」のばっちゃ

2022年5月5日（木曜日）

つい先日帰省して、数年ぶりに弘前さくらまつりに行くことができた。想像を超える人出で、活気のある弘前の姿に込み上げてくるものがあった。イチゴあめや黒いコンニャクを楽しそうに食べる子どもたちの姿に、あるお店のことを思い出した。僕が人生で初めて一人で外食したのは小学生の頃、学区外だった。

僕は二大（第二大成小学校、今の大成小学校）に通っていたのだが、そこから500メートルくらいの所に一大（第一大成小学校、同）があった。現ENEOS（給油所）側は二大学区で、道路を渡ってCIENTO（衣料品店）側になると一大学区だったと記憶している。二大からCIENTOまでは100メートルくらいしか離れていないのに、あの交差点を1人で超えようものなら、即座に知らない一大生たちに取り囲まれて「のされる」かもしれない、そんな恐怖心があった。

ある日、同級生が一大側に面白い店があるから行ってみないかと言い出した。通称〝やすくせ屋〟。置いてるものが「やすくせぇ」からそう呼ばれていたのだろう。子どもというのはほんと心ないネーミングをするものだ。

母と市立病院に行くときに何度もあの交差点を渡ったことはあったが、子どもだけで渡るのは初めてだった。いつ襲ってくるかわからない一大生に怯えながら、大町エリアを少し歩くと目的地に着いた。

お店の中は普段見かけない同世代でいっぱいだった。やすくせ屋は子ども御用達の食堂みたいなお店で、従業員はじっちゃとばっちゃの2人。メーンはばっちゃ。お菓子の買い食いはしたことはあったが、自分一人で外食をするのは初めてだったので、椅子に腰掛けて何を食べようか考えている時はちょっと大人になれた気がした。

鍛冶町に通うかのように僕はやすくせ屋に通った。看板メニューは「お好み焼き」。20円。子どもながらにその値段設定に驚いたが、何かわからない粉を水で溶かして薄く焼き、そこに極限まで薄めたウスターソースをかけて食べる、というものだった。20円以上でも以下でもない味、まさに20円が妥当なお好み焼きだった。

食感がもちっとしてることから、裏では「もぢ」と呼ばれていたのだが、「ばっちゃ！　もぢ！」と頼んだ子は「もぢって言うなら出でげ！」と、死ぬほど怒られていた。このやりとりが行われると店内の子どもたちはみんな笑った。スナックで見かける「ママお会計〜」「はい100万円！」「ちょっと〜！」の子ども版みたいなことだ。

ある日、サイダーを飲んでいた少年が「ばっちゃ！　持ち帰り！」と言った。するとばっちゃは、瓶に残っているサイダーをビニール袋にどぼどぼ〜っと移し替えて持ち帰らせた。衝撃だった。誰かに教わった訳ではないが、「それをそれに入れてはいけない」、と決めつけていた子どもながらの固定観念が、ひっくり返った瞬間だった。もっと自由に生きなさい—。ばっちゃに教わった気がした。

今の小学生は学区外に1人で遊びに行くことを禁止されていると聞いた。放課後の冒険を禁止されているなんて、少しかわいそうと思うのは僕だけだろうか。津軽には面白いおじさんやおばさんがいっぱいいるのになぁ。

「有吉の壁」ロケにて

麻雀、麻雀、麻雀

2022年6月2日（木曜日）

僕は麻雀《マージャン》が好きだ。手役を作りあがりきるまでの過程に、どこか日常生活の苦楽と共通するものがあるし、何よりも人間性が如実に現れるので、麻雀を通して人と仲良くなることがとても多い。いまだに帰省する度に高校時代の友人と集まり麻雀をする。そのルーツは弘前で過ごした少年時代にある。

初めて麻雀牌《マージャンパイ》を触ったのは小学5年生の頃だ。当時父は大鰐町の役場で働いていて、僕は週末になると弘高下駅から1人で弘南鉄道に乗り、単身赴任先の大鰐の父の住まいによく泊まりにいった。

駅を出て少し歩くと「かどや食堂」というお店が角に立っていて、その角を右にまっすぐ行くと父の住まいがあった。一人で住むにはあまりにも大きい一軒家で、ファミコンもないし大鰐に友達がいるわけもなかったので、大鰐に着くまでのひとりの冒険時間は楽しかったが、父の家に着いてからはなんでこんなところに遊びにきてしまったんだろう、と後悔することの方が多かった気がする。

ある時父が僕のそんな空気に気付いたのか、だだっ広い畳の部屋で何をするでもなく1本の棒のようになっている僕のところに40×30センチくらいの古い箱を持ってきた。手にしてみると、僕の期待感を煽《あお》るのには十分過ぎるずっしりとした重さだった。

みなさんもご存じかと思うが、男子は何かが入った箱がとにかく好きだ。まず重さで楽しみ、さらに開ける楽しみがある。箱の中身は麻雀牌だった。その後30年以上、牌を触り続けることになるとはこの時のじろう少年は予想もできなかっただろう。

中学の時、青森を巨大台風が襲った。たくさんのリンゴが落ち、学校の屋根は飛ばされ休校になり、弘前市内でもほとんどの家が停電になった。

その夜、母の実家のそば屋「一力《いちりき》」の叔母がうちに遊びにきた。父と兄と叔母と僕で、停電の中、ろうそくを1本立てて麻雀をした。「負けた奴が、死ぬ…」。生命を賭けていてもおかしくないような雰囲気だった。あの状況下で家族麻雀に勤《いそ》しんでいたのは我が家くらいだと思う。

高校に入り勉強についていけず、すぐに落第コースへと進んだ僕はさらに麻雀へのめり込んでいった。同級生たちが参考書に読みふけるかたわら、僕は「ショーイチ　20年間無敗の男」という実在する裏麻雀界最強だった桜井章一さんの伝記漫画を読みあさった。同級生たちが夜な夜な机の上に広げた真っ白なノートに文字を書き込む中、僕はテーブルの上に広げた真緑の麻雀マットの上で、夜な夜などこで披露するでもないイカサマの練習に明け暮れた。

大学入試センター試験の3日前、僕は自宅に友人を招き麻雀をしていた。本当にどうかしていたと思う。母はそんな僕を怒るどころか、「勉強しなさいよ～」と言いながら晩飯に鍋を作りみんなに振る舞っていた。母が一番どうかしていたのかもしれない。

結果良い大学には当然入れなかったが、好きなことをとことんやる、という自由な性格を手に入れることはできた。麻雀を教えてくれた父と、それを一度も怒らなかった母のおかげなのかもしれない。

「有吉の壁」ロケにて。チョコレートプラネット松尾さんと筆者

トング&トレーデビュー

2022年7月7日（木曜日）

僕はパンが好きだ。今でもパン屋に入ると楽しくなってついついトレーに乗せすぎてしまう。トングで食べたいパンを挟み、それをトレーに乗せてレジへ持って行く…。あの販売システムを考えた人はノーベル賞ものの発明だと思う。僕のトング&トレーデビューも当然少年時代を過ごした弘前だ。

大体の人が子供の頃に菓子パンでパンデビューをし、後に惣菜《そうざい》パンの扉を開ける、というルートを辿《たど》っていると思うが僕もその1人だ。人生で初めて僕が魅了されたパンはご存じクドパン（工藤パン）のチョコレイだ。小学生にあの長さのチョコパンはもう反則だろう。津軽の小学生が手に持ちたい長い物ランキング1位はチョコレイ、2位はつらら、というデータもある（個人調べ）。

次に僕が魅了されたのはチキンフィレサンドだ。当時土手町の中三《なかさん》を通り過ぎたあたりにケンタッキーフライドチキンがあった。土曜はお昼前に学校が終わるので家に帰ると母はいないがテーブルの上に昼飯用のチキンフィレサンド、ということがよくあった。

あの頃はカーネル・サンダースがプリントされた金色の包装紙が使われていてあの金色の眩《まぶ》しかったこと。大の母好きだった僕も土曜日の学校帰りだけは「どうかお母さんが出かけていて、テーブルの上にあの金色がありますように」と願いながら帰ったものだ。

そしていよいよトング&トレーデビューを果たす時が来る。土手町のスクランブル交差点を百石町《ひゃっこくまち》側へ右に曲がったところにサンクというパン屋さんがあった。そこで売られていた4センチ×4センチくらいのひし形で真ん中にイチゴジャムが入ったパイ生地のパンが大好きで、お店で初めて対面したとき母にせがんでトングで挟ませてもらった。初めての感覚。今にも崩れてしまいそうなパイ生地のもろさが愛《いと》おしかった。

小学校5年生頃、新たなパン屋が僕の目の前に現れた。夕方家にいるとどこからともなくカッコーの鳴き声が聴こえてきた。

「カッコー…カッコー…」

こんな時間にカッコーって鳴ぐ?と外に出てみるとなんと、カッコーの鳴き声をラジカセで流しながら車で移動販売をしているパン屋さんではないか！　文字通りパン屋の方から僕の目の前に現れたのだ。車の移動販売なんてダミ声の「し〜じみ〜貝〜」の存在しか知らなかったので、カッコーのパン屋さんなんておとぎ話から出てきたみたいで僕は現実なのか夢の中なのか分からなくなり、嬉しさあまって発狂した。

母と一緒に買いに行くと荷台は食べたことのないパンでいっぱいだった。そこでまたプチ発狂した。その日以来カッコーの鳴き声が聞こえてくる度にパンを買ってもらった。

弘前には他にも又二《またに》のパンもあるし、中三《なかさん》のパン屋も美味しいらしいし、黒石で同級生がやっているメルシーというパン屋もまだ行ったことがないが相当人気らしい。帰る度に新規開拓しなければ。

「有吉の壁」ロケにて。チョコレートプラネット松尾さんと筆者

砂肝を塩で

２０２２年８月４日（木曜日）

昨年、思い出のお店がまた一つ閉店した。かくみ小路の焼き鳥屋「とり畔」だ。僕は焼き鳥が好きだ。

僕が記憶している焼き鳥デビューは自宅だ。父がよく仕事帰りにお土産で５本入った詰め合わせを買って来てくれた。それがとり畔の焼き鳥だった。カワ、ハツ、ねぎま、レバー、つくね。教えてもらってすぐ覚えた。小学男子は５人組がとにかく好きだ。ゴレンジャーの次にハマった戦隊モノはなんですか？と聞かれたら僕は「焼き鳥５本セットです」と答えるだろう。５人（５本）それぞれ違った個性がある、という点では間違ってはいない。

推しメン（一押しのメンバー）ならぬ推し鳥はねぎま。焼き鳥にかけるタレはわざわざビニール袋で別になっていて、食べる直前に自分でハサミで切ってかけるのだが、袋が開いた瞬間、濃厚で甘辛い匂いが鼻の奥にす〜っと入ってくると、もう口の中は唾液でびだんびだんになった。僕は焼き鳥の虜《とりこ》になった。

自分で初めて焼き鳥を買った時のことも覚えている。小学4年生頃だ。ヤクルトスイミングに通う日は、母がおやつ代で100円をくれた。この100円で何を買うか、行きのバスの道中からそのことで頭がいっぱいだった。スクールには売店があり、泳いで疲れた子どもたちから巧みにお金を吸い上げる仕組みが出来上がっていた（いいスクールでしたよ）。

日雇い労働者がその日稼いだお金を酒に投げ出してしまうように、僕ら少年はお菓子に投げ出してしまう。投げ輪のスナックはそこでしか売られていなかったので、僕は毎回バカみたいに投げ輪のスナックにお金を投げ出していた。

ある日、一緒にスイミングに通っていた従兄弟の幸平が帰りのバスで「じろちゃん焼き鳥食べね？」と言ってきた。焼き鳥⁉　あの父がたまに買って帰ってきてくれる美味しいやつだ。バス停のすぐ近くにはマルエス主婦の店というスーパーがあった。今は道路になってしまったが、松森町キングの斜め向かいあたりだ。そこの裏の駐車場に小さな焼き鳥小屋があったのだ。立っているおじさんが1人入るのがやっとの大きさの小屋。

幸平は慣れた感じで「スナギモ1本下さい」と言い50円をおじさんに渡した。新メンバーだ。聞いたことがないぞ。僕も勧《すす》められるがままに新メンバーをコールしてみた。

なんだこの食感は！　しかもタレじゃなく塩だ！　新メンバーは塩が似合う歯応えのある男前だった。僕はその日以降、投げ輪を買うことはなくなり、推し鳥はねぎまから砂肝に変わった。今でも焼き鳥屋に入ると必ず砂肝を塩で食べる。

高校卒業後、一度だけ父と2人でとり畔に行ったことがある。お店で食べるのはその時が初めてで、大人の仲間入りをした気がした。もう一度あの煙たい店内で焼き鳥食べたかったなぁ。

「有吉の壁」ロケにて。チョコレートプラネット松尾さんと筆者

歯がコンプレックス

2022年9月1日（木曜日）

今回は弘前で過ごした少年時代から抱えているコンプレックスの話をしたいと思う。

僕は歯が汚い。一般の人と比べて灰色がかっている。小学校の初めての歯科検診で自分の歯が人とは違うということを知った。

「はいCの1、え〜Cの2」という歯科医の先生の声が響く中、僕の順番が来た。先生の前で口を開けると、「お。みんな来て。見てみなさい」と先生が看護師さんたちを呼び集める。これが僕の歯科検診では毎年の恒例行事だった。

僕の歯は小児喘息の治療薬の影響で歯に縦の線が入っている、ということが先生が看護師さんたちに説明している内容を聞いて分かった。目立ちたがり屋で病院通いに慣れていて大のおばさま看護師好きだった僕はそれが全く嫌ではなかった。医療の発展に貢献できているような気さえしていた。毎年の歯科検診が「今年もわぁの歯にみんな集まるかなぁ」と楽しみなくらいだった。

だが大人になってからはそうはいかない。やはり人の目、女性の目を意識する。改めて自分のこの灰色の歯について調べてみたら、テトラサイクリン歯というらしく、昭和40年代の薬に使われていた抗生物質を子どもの頃に摂取するとこの歯になるようだった。

年齢とともに、だんだんと僕は歯が見えるように口を大きく開けることがなくなっていった。

人前に出る仕事をするようになると、さらに歯を人に見られることが気になり出した。ＳＮＳに「歯、汚いですね」と書かれたこともある。最近はＣＭなどにも呼ばれるようになり、「もっと口開けて笑ってください」と言われても、なるべく歯が見えないように口角を最大限に上げて笑顔を表現する、という手法で回避している。結果、森進一みたいな顔になっていることが多々あるのだが。

歯を白くすることを何度も考えたが、テレビに出てくる芸能人はみんな歯が真っ白だ。僕はあれがどうも苦手だ。ドラマとかを見ていても、「普通のサラリーマンはこんな歯白くないだろ」と一気に物語に入り込めなくなってしまう。僕がよくやる津軽の「義彦おじさん」というキャラも歯が真っ白だったらしらけてしまうと思うのだ。津軽のおじさんは歯が灰色くらいのほうが愛せる。

この歯がコンプレックスであることに変わりはないが、自分の歴史でもあるような気がするのだ。僕の小学校の思い出は「楽しかった」と「小児喘息」が同率の一位だ。友達と走り回っても咳が出ないように朝昼夜3度の薬は欠かさなかった。発作がひどくて学校を休んだ日は布団に入りながら天井に先生と同級生の顔を思い浮かべた。母と一緒に毎週市立病院に通って処方してもらっていた薬のおかげでこの歯になったのなら、この歯も母との大切な思い出だ。コンプレックスも個性だ。

こんなことを書いておきながらも、毎月「歯・インプラント」と検索はしている。この先もし僕の歯が真っ白になったら、その時は芸能界に魂を売ったと思ってください。

「有吉の壁」ロケにて。チョコレートプラネット松尾さんと筆者

西パチで学ぶ

2022年10月6日（木曜日）

僕はパチンコが好きだ。僕のことを多少なりとも知ってくれている方には周知の事実だと思うが、何を隠そうパチンコが好きになったルーツも弘前で過ごした少年時代にある。

うちの母と母の姉（伯母）はとても仲がよく、僕はそこに混ざって出掛けるのが好きだった。伯母は店休日以外朝から晩まで一力《いちりき》（母の実家のそば屋）で働いていたので、めったに見られないよそ行きの服装を見られると特別感があってなんだか嬉しかった。

小学3年生頃、母と伯母と3人で土手町に出掛けたときのことだ。土手町を3人で下って帰っていると、母が「じろうパチンコしてみる?」と言い出した。母と僕2人きりだったら母はこんな提案をしなかったように思う。母は結婚して僕を産んで「母親」という肩書きになったが、それ以前は「5人兄弟の次女」という肩書きで20数年生きてきた。伯母といるときの母は僕と2人のときには見せたことのない妹っぽい無邪気な一面を時折見せてくれた。

僕も上に2人兄姉がいるのでわかる。弟というのは兄姉の前でバカな言動をして「バカ！」とか「あんたなんでそんなことするの⁉　お母さ～ん！　じろうがさ～！」と言わせるのが仕事だ。甘えたいのだ。母の「パチンコしてみる？」という提案も「あんたまたそんなバカなこと言って！」と伯母に言わせたかったのもあると思う。母の甘えに負けた伯母と僕は3人でパチンコ屋へ入った。

今の串カツ田中の辺りに当時は土手町キングというパチンコ屋があった。昔は大人が同伴していたら子どももパチンコ屋に入れたので、小学3年生の僕が入店しても何の問題もなかった。いい時代だ。母と伯母と3人並んで座り、訳もわからず「羽根もの」のような台を一緒に打った。僕が当たりを引くと玉がたくさん出てきて、母は僕以上に大喜びしていた。母に連れられて玉を持ってカウンターへ行くと、茶色の紙袋いっぱいのお菓子と交換してもらえた。人生初パチンコは大切な思い出として今もしっかりと頭に残っている。

高校に入学し、勉強についていけず早々と落ちぶれコースへ進路変更した僕は数ある教科の中からパチンコを専攻し、第二言語に麻雀を選択することにした。主な授業内容は、学校が終わると即帰宅、即着替え、西弘商店街へ自転車で集合、というものだった。「食事処　八十八夜」の向かいにパチンコ西弘（通称西パチ）というお店があって、そこが僕の学び舎だった。

高校生がパチンコ屋へ出入りするのは当然禁止されていたが、西パチはお客さんも少なくて店員のおじちゃんおばちゃんもゆるくて、追い出されたことは一度もなかった。西パチでしか会わない、名前も知らないおじさんにラーメンやお寿司《すし》をご馳走になったものだ。

正直もっと高校時代真面目に勉強しておけばよかったなぁと思うことは多々あるが、学校では学べないことをたくさん経験できた時間だったので無駄ではなかったのかなぁとも思う。

僕の出身校を弘前高校だと思っている方がいるかもしれませんが、実際は西パチ卒業です。

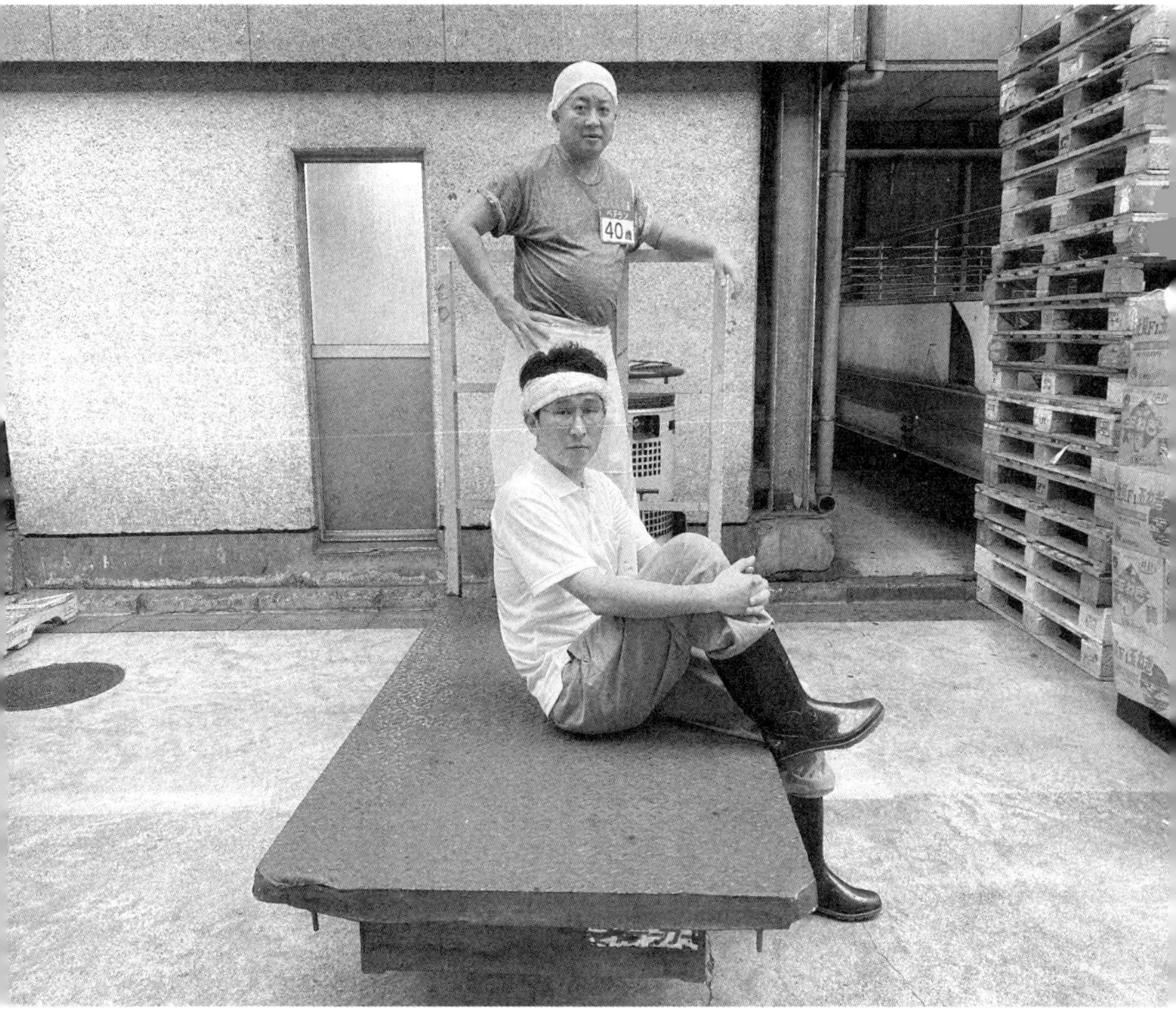

「有吉の壁」ロケにて。チョコレートプラネット松尾さんと筆者

プロレスに夢中

２０２２年11月3日（木曜日）

今月中旬から「城山羊の会」という演劇ユニットの公演が控えているのだが、自分あるあるベスト10に毎年ランクインしてくる「季節の変わり目に体調を崩す（特に秋口）」が発動して稽古を1週間近く休んでいる。幾《いく》つになっても病弱なのが本当に情けない。病弱ゆえの強さへの憧れだったのだろうか、小学生の頃僕はプロレスに夢中だった。

5年生の頃、僕のクラスの一部の男子の間で全日本プロレス（以下全日）が流行っていた。全日は日曜日の深夜に放送されていて小学生の僕は見ることはできない時間だったのだが、ようやく我が家にビデオデッキが導入され、バーコード予約中毒者になり始めていた僕は早速全日を予約してみることにした。

全日は喘息ボーイの心に簡単に刺さった。

体の大きな選手達が華麗に舞い、蹴り、大男を放り投げる。凶悪な外国人選手のパイプ椅子攻撃。リング中央で選手を抑え込みレフェリーのカウント3に合わせて「1、2、3！！！」と声を上げる大観衆。全てが今まで見たことのない光景だった。僕の夢はプロレスラーになった。

当時全日は年に1回、黒石市の市民体育館で興行をしていて、生で見ることもできた。自分で何かを生で見たい、と思って見に行ったのはプロレスが初めてだ。物販エリアで椅子に座り葉巻を吸っているジャイアント馬場のあまりのデカさ、ブッチャー（悪役選手）がパイプ椅子を振り回し入場してきたときのこの世の終わり感、どちらもいい思い出とともに軽いトラウマになっている。

年に一度の身体測定では毎年「やせすぎ」のはんこが押されていたが、中学に入り少し背が伸び、日に三度の小児喘息の薬も飲む必要がなくなった僕は本格的に体を鍛えてみることにした。部屋には黒石で買った憧れの三沢光晴選手のポスター。この人になりたい。本気でそう思っていた。トレーニングの仕方が分からない僕は敷布団を敷く時に押入れから布団を担ぎ、それにバックドロップやパワーボムをかける、というトレーニングから始めることにした。だがじろう少年の夢はトレーニング初日で潰《つい》えた。

　敷布団にプロレス技をかけたときに布団から埃《ほこり》が出て、その埃が原因で喘息の発作が起きたのだ。人間を投げたときに埃は出ないのだから諦めずに続ければ良かったのかもしれない。でもじろう少年は軟弱な自分と向き合うのがもう嫌で嫌で仕方がなかったのだ。

　今でもテレビで格闘技の試合をやっていると見てしまう。もし自分が強かったら目の前に広がる世界はどんな風に見えるんだろう。そんなことをつい妄想しながら。

　だが44歳になった今も咳をしながらこれを書いている。これが現実だ。お笑いがあって良かった。

有吉の壁「ブレイクアーティストライブ'22」に出演した
チョコレートプラネット松尾さんと筆者

サンタの正体は

２０２２年12月1日（木曜日）

まず。この連載を読んでいる小学生などいないと思いますが、もしいたら、今回は子どもたちの夢を奪う可能性があるので親御さんは「現実を知る覚悟があるか？」と本人に確認してから読ませてあげて下さい。

僕は神様や目に見えない生き物、妖精みたいなものの存在をこの年になっても信じている。夢見がちなのだ。このルーツは弘前で過ごした少年時代にある。

僕は小学5年生までサンタクロースの存在を信じていた。サンタを信じる平均年齢を結構超えていると思う。

子どもの頃は1年の中で12月が一番好きだった。雪が降るし、餅が食えるし、冬休みもあるし、なによりサンタクロースがプレゼントをくれるからだ。

毎年12月24日の夜、寝る前の僕のテンションは異常だった。だって朝起きたら枕元にサンタからのプレゼントが置いてあるのだから。毎年欲しいものとメッセージを手紙に書いて枕元に置いて寝た。

　小学5年生の頃、当時頻繁にCMで流れていた「拳闘士」というボクシングのおもちゃがどうしても欲しくて、クリスマス直前に父に頼み込んで城東のサンワで買ってもらった。父にクリスマスプレゼントを買ってもらったのは初めてのことだった。

　その年の12月25日の朝、起きたとき枕元にサンタからのプレゼントはなかった。

　そこで初めて疑惑が浮かんだ。父にプレゼントを買ってもらったからサンタは来てくれなかったのか？　プレゼントは1個まで…？　もしやサンタの正体は…。

　今思い返すと、冷静に分析したら『サンタ＝父』に気付けた可能性はあった。まず、手紙に書いた欲しいものが届いたことは一度もない。本当のサンタなら子どもが欲しいと書いたものをあの肩で担いでいる白い大きな布袋からいとも簡単に取り出して枕元に置くことができたはずだ。

　まだある。以前この連載でも書いたエピソードなのだが、今夜こそ絶対にサンタを見よう！と従兄弟と布団の中で寝ずに永遠に騒いでいた夜があった。あまりのうるささに母は僕の口にガムテープを貼り、黙らせ、寝かせた。

小児喘息の息子の口にガムテープ↓命の危機↓そこまでしてサンタの姿を見られたくない↓まさか身近な人間…？↓父

このルートはあった。

あと決定的なのが4年生の頃にもらった九官鳥のようにこちらの声を繰り返してくれるワニの人形だ。当時父は大鰐で仕事をしていた。

ワニの人形↓大鰐町のご当地グッズ？↓父の職場↓父

こんなわかりやすいルートにも当時は気付けなかった。

父と母、どっちがプレゼントを買ってくる役割でどっちが枕元に置く役割だったのかは永遠に知ることはできないが、小学5年生までサンタの存在を信じさせ続けたくれたおかげ？で僕は44歳になった今でも夢見がちおじさんになった。

弘前に帰ったら雪だるまを作ろう。夜中のうちに雪かきをしてくれるかもしれないから。

「有吉の壁」ロケにて。チョコレートプラネット松尾さんと筆者

匂いを嗅ぐ

2023年1月5日（木曜日）

年末に飛行機が無事に飛べば今は弘前にいると思う。ちょうど今日くらいに東京に出稼ぎに戻る頃だろうか。この連載も2年を過ぎだいぶ自分を探し尽くした感があったのだが、自分を語る上で忘れてはいけないものがまだあった。僕は臭いものが好きだ。このルーツは弘前で過ごした少年時代にある。

僕はなんでも匂いを嗅ぐ。晩飯時に見たことのない料理、食材が出てくると必ず顔を近づけ匂いを嗅ぎ、母から「行儀悪いよ！」と何度も叱られたことがある。何かを匂うことへの執着がすごいのだ。

これは恐らく以前ここでも書いた、丹前のぜん君から始まっていると思う。じろう少年のおねしょとよだれを存分に含んでいたぜん君はとにかく臭かった。でもその匂いが堪《たま》らなく好きだった。自分のおならって臭いけどいやな感じしないじゃないですか。臭ければ臭いほど嬉しい、くらいに僕は思ってしまうのだ。

当然自分から発せられた臭いものに限定される。他人の屁《へ》の匂いは地獄だ。これは自己愛の表れなのかもしれない。シソンヌのＤＶＤを３枚以上持っている方はお気付きかもしれないが、僕らのネタでは「くさっ！」とか「くっせ～！」が非常によく出てくる。これは完全に僕の癖がネタに出てしまっている。

小学２年生頃、ヤクルトスイミングに通うバスの中で僕はへそいじりにはまっていた。何かを触ったら匂う、それがマイルールとして定着していた僕は、どれどれ、とへそをいじった右手の人差し指を自分の鼻に近づけてみた。くせ～！！！　全く予想していなかった臭さに僕は発狂した。へそってこんなに臭いんだ！　バスの中で３年間へそをいじり続けて僕は出べそになった。

次にはまったのは風呂でする屁だ。お風呂で屁をするとお尻からポコポコ～と泡が出る。でも匂いはしない。水中でしてるから匂いがしないのかな？　疑問に感じたじろう少年は、水中から上がってくるその泡を水面で待ち構え、その匂いを嗅いでみることにした。

ぷぅ～…ポコポコポコ～……ぷちん…くせ～！！！

お分かりいただけただろうか。泡に閉じ込められていた屁の臭いが、水面ではじけた瞬間、鼻先で一瞬だけ解放されるのだ。直接指先を嗅ぐへその匂いの嗜み方とは違い、ししおどし的な趣みたいなものを幼ながらに感じた。水が溜《た》まり、片方が傾くと、コンっと竹筒の風情のある音がする。ぷぅっと屁をすると泡になり、その泡がぷちんっとはじけると、コンっと臭いかほりを発する。仕組みは一緒だ。

冬の弘前でしか嗅げない匂いがある。小屋に置かれた灯油の匂いだ。灯油の匂いは東京では嗅げない。存分に灯油の匂いを楽しんで、また東京に行ってきます。今年もよろしくお願いします。

「有吉の壁」ロケにて。チョコレートプラネット松尾さんと筆者

大みそかはブルーエイトへ

２０２３年２月２日（木曜日）

今回は弘前のカフェ「ブルーエイト」のことを。

昨年末の大みそか、どうせどこのお店もやってないだろうなぁ、と半ば諦めつつも恒例の「土手ぶら」をしに土手町へ行ってみるとなんと、ブルーエイトがやっているではありませんか。愛煙家ゆえ、タバコが吸えない喫茶店に行くことがほとんどなくなってしまったのだが、おそらくブルーエイトをスルーして土手町内部へ侵入してても開いてるお店はないだろうと判断し、いざ細階段を登ることに。

土手町は細くて暗い階段を登らないとたどり着けないお店が多くて、一見さんにはちょっとハードルが高い感じがしてそれがまたいい。高校生の頃、この階段を初めて登るのにどれだけ勇気がいったか。

10数年ぶりに細階段を登り終えていざ店の前に立つと、お店の前には張り紙がたくさん。目に飛び込んできたのは『店内でのサングラスの使用はご遠慮ください』。

「有吉の壁」ロケにて。チョコレートプラネット松尾さんと筆者

お会計

それを見た瞬間記憶がフラッシュバックした。そうだそうだ、マスターは結構頑固な感じの人だったな。

弘前のお店に入ると、そこかしこに貼られている青天の霹靂《へきれき》の広告効果で「あら、じろうさん！」と割とちやほやされることが多いのだが、ブルーエイトのマスターはさすがにそれはないだろうな、と思いいざ入店。

「いらっしゃい」

…。やっぱりなかった。ちなみに鍛冶町の喫茶店ルビアンのマスターにも一回もちやほやされたことはない。津軽のおじ様方への認知度はまだまだだ。

席に着くと奥様がメニューを持ってきてくれた。二度目のちやほやチャンスだ。僕はおば様にめっぽう強い。イトーヨーカドーであおもりご当地ガチャガチャをやっていたら、従業員のおば様たちに気付かれて完全包囲されたことがあるのだから。

「どうぞ」

…。ブルーエイトはこうじゃないと。

店内には僕一人。本棚にびっしりと並ぶ漫画のラインナップは当時のままで、時間が止まっているかのようだった。僕の高校時代、ブルーエイトには来店した人が好きなことを書いていい落書き帳みたいなものが置かれてあった。当時の弘前の女子高生たちはそのノートにかっこいい人ランキング、みたいなものを書いていて、バカな男子高校生たち（僕も含む）は誰が書かれているのかよく覗《のぞ》き見しにいった。当然僕の名前が書かれていることなど一度もなかった。店内を見た感じノートはもうなさそうだった。

コーヒーを一杯だけいただき、退店。高校の後輩でＮＨＫでアナウンサーをしている副島萌生《そえじまめい》ちゃんと一力《いちりき》で蕎麦《そば》を食べる約束をしていたので一力へ。萌生ちゃんにブルーエイトのことを話すと萌生ちゃんも高校時代通っていたらしく、行きたい！となり、なぜかその日二度目のブルーエイトへ。

さっきまで一人で来ていた謎の薄着の男が、今度は女性を連れて現れたからマスターはさぞ恐怖に感じたことだろう。土手町の交差点が見下ろせる特等席でお互いの学生時代の話をしながらお茶をした。

その数日後、ブルーエイト譲ります、の張り紙を出しているとのニュースを見た。

また土手町のシンボル的なお店がなくなってしまうことにショックを受けたが、あのタイミングで来店できたことになんだか運命めいたものも感じた。

その後新店主が無事決まったようで良かったです。僕が口を出すことではないですが、市民が思い描く理想にとらわれず、ご自身の理想のお店にしてください。土手町の大事な景観を引き継いでくださって、それだけでありがたいです。いつか寄らせていただきますね。あ、ちやほやしてくれなくていいですからね。

ブルーエイ
OPEN

お葬式

2023年3月2日（木曜日）

街中で喪服姿の人を見るとつい目で追ってしまう。喪服のご婦人から醸し出されるあのしっとりとした独特の空気。すれ違うときに気温よりも低い風をひやっと浴びせてくれそうな、そんな気さえする。僕はお葬式が好きだ。そのルーツは弘前で過ごした少年時代にある。

小学2年生くらいまで、随分とお葬式に参列した気がする。だが亡くなった親戚の数を数えてみるとそんなに多くない。せいぜい1〜2回だ。でも自分の頭の中の画像フォルダに保存されているお葬式関連の写真の枚数は相当多い。参列回数と比例していないのだ。

ここからもわかるように、僕はお葬式をかなり楽しい行事だと思っていたのだろう。ディズニーランドに1回行ったら写真撮りまくってフォルダがぱんぱんになるでしょ？　僕は1回のお葬式で相当な回数シャッターを切っていたようなのだ。

亡くなった人とのお別れ会的なものということはぼんやりと認識していたと思う。だが低学年のじろう少年が涙することはなかった。故人との別れを悲しむ、というよりも普段一堂に会することのない親戚たちが大集合することへの喜びのほうが強かった。

お盆の時期にしか弘前に遊びに来ない母方の仙台の親戚と、年末こちらが出向かないと会うことができない父方の親戚が同じ空間にいたりすることが自分の中では奇跡だったのだ。

あの叔父さんとあの叔母さんが話すことはあるんだろうか…。僕を介すことで自然と話す流れになったりしないだろうか…。他国の首脳陣同士のコミュニケーションをなんとか円滑に進めたい。気分はすっかりホスト国だった。

真っ黒な服を着た大勢の大人たちとお座敷で一緒にご飯を食べるのも楽しかった。時期が時期ならお小遣いももらえたりした。長時間正座をしてお経を聞くのはつらかったが、お経の最中に何か耳に残るフレーズがあったら、それを小声で真似したりすると母に「やめなさい！」と怒られながらも従姉妹《いとこ》のお姉ちゃんが横で笑ってくれるのがうれしかった。ふざけちゃいけないところでふざける。緊張と緩和の笑いのシステムをこの頃学んだのかもしれない。お葬式を題材にしたコントも多い。
僕が子どもの頃経験したようなお葬式はもう行われていないのではないだろうか。何年か前にお葬式に参列したとき、正座ではなく椅子に座ってお経を聞いた。お経も子どもの頃は1時間以上聞いた気がしたが、ほんの数分で終わってしまった。色々なことが簡略化されていくことに少し寂《さび》しさも感じる。和尚さんがお経を読んでいる動画をスクリーンで1・5倍速で見て合掌しましょう、なんて時代も来るのかもしれない。

「有吉の壁」ロケにて。チョコレートプラネット松尾さんと筆者

GZA

こわもてとキャッチボール

2023年4月6日（木曜日）

雪もなくなり、待ちに待った桜の季節、4月がやってきましたね。お父さんお母さん、雪かきお疲れさまでした。3月は野球に大きな感動と興奮をいただきました。WBCの熱狂が雪解けを少し早めてくれたのかもしれませんね。

新年度ということで、どこかの小学校の校長先生が新学期の挨拶で使っていそうなフレーズから書き始めてみました。さてさて。僕は野球が大好きだ。そのルーツは弘前で過ごした少年時代にある。

野球が好きになったきっかけは父だ。小さい頃日曜日に青森市の方まで父の草野球の応援に家族で行ったりした。実家の小屋にはボールとグローブ2個があったのでよく父とキャッチボールをした。父が仕事でいない平日は実家の横にあるリンゴ倉庫の壁を相手にキャッチボールをした。

小学3年生になり、部活動は4年生からが基本なのだが、3年生のとき隣のクラスの担任になった新任の先生が野球部の顧問になったことで、野球部だけは3年生から入部してもいい、ということになった。

運動神経が皆無で、体育で同級生の前で運動をしているところをとにかく見られたくなかったじろう少年は自分が目立てるものを探していた。父とやっていた野球なら経験値もあるし、同級生たちを出し抜けるかもしれない。そう思い、入部してみた。

現実はそんなに甘くなかった。野球部に入部する少年なら当然のようにキャッチボールをしたことがある。しかも全員基本の運動能力は僕より高い。僕は自分のボールの投げ方が「おなご投げ」（女の子投げ）だと言われその言葉にひどく傷ついた。1日で練習に行くのをやめた。

僕の放課後のキャッチボールの相手はリンゴ倉庫の壁に戻った。壁を相手にぶつぶつ一人で物語を作り、実況しながら投げ続けた。

そんな僕に救世主が現れた。実家の奥の借家に秀さんとキミコさんという若い夫婦が引っ越してきた。秀さんはじろう少年があまり接したことのない青年だった。弘前大学の向かいで「秀」という居酒屋をやりながら、日中はタクシーの運転手もして、角刈りで、鼻の下に髭が生えていて、いつも白いピタピタのおやじシャツを着ていた。そう、強面《こわもて》なのだ。

ある日、秀さんが壁相手にキャッチボールをしている僕を見かけて、声をかけてきた。

「じろうくん、キャッチボールやるべ」

人生終わった、と思った。こんな強面とキャッチボールなんてしたことがない。おなご投げだ！と怒られて誘拐されたらどうしよう。

でも秀さんは優しかった。秀さんは父よりも球が強くて、威勢も良くて、劣等感を忘れさせてくれた。なんならこんな強面とキャッチボールしたことがある同級生はいないだろう、と優越感にも浸れた。

野球から知らないおじさんと接する楽しみを学び、壁相手のひとり実況キャッチボールで妄想力を培った。

2016年、大好きな広島カープの試合で始球式をやらせてもらった。画像を見たらちゃんとおなご投げだった。僕は野球が大好きだ。

「有吉の壁」ロケにて。チョコレートプラネット松尾さんと筆者

甘いものを求めて

2023年5月4日（木曜日）

さくら祭りも終わる頃でしょうか。満開のタイミングは逃してしまったが今年も無事帰ることができた。小1の時に入って以来トラウマになっているお化け屋敷には今年も挑戦できませんでした。

帰りの飛行機で今回の滞在を振り返ろうと携帯の写真フォルダを開いてみると、あらびっくり。甘いものの写真の多いこと。僕の甘いもの好きのルーツは間違いなく弘前にある。

弘前にずっと住んでる人は比べようがないから分からないと思うが、恐らく和洋・甘いもののお店が相当多いと思う。僕も弘前を出てから気付いた。

帰省して真っ先に繰り出したマイフェイバリットストリート・土手町で食べたのは三笠屋餅店のあさか餅とよもぎ餅。この2つは母がよく買ってきてくれた。あさか餅の周りについているあのつぶつぶが何なのかはいまだに分かっていないが大好物だった。よもぎ餅は口に入れた瞬間感じるあの塩っけが昔のまんまだった。あの入り口のしょっぱさがその後おとずれるあんこの甘さを引き立たせていることに大人になって気付いた。

双味庵にも行った。まんじ札をもらいに行って以来だと思うから35年振りくらいかもしれない。双味庵にはお葬式の時に出合えるご馳走《ちそう》お菓子があるのだ。名前を忘れてしまったのだが、四角と丸と2種類あって、周りがチョコで包まれていて。数十年振りに食べたがおいしかった。

昔の双味庵といえば石の階段で小高いところにあって、外観も和の雰囲気全開で『双味庵』と筆で書かれた看板が通り沿いに重厚な感じで立っていた気がするのだが、現在は平地におしゃれな外観で横文字で『Ｆｕｔａｍｉａｎ』。海外の観光客も発音しやすいだろう。ほぼＢｏｈｅｍｉａｎだ。

今はなくなってしまったのだが、ブルーエイトの下におきな屋という喫茶も楽しめる和菓子屋さんがあってそこのあんみつを母と何度か食べた。寒天×黒みつの旨《うま》さはおきな屋で母に教わった。そのおきな屋の向かいに、ごとうというドーナツ屋さんがあって、それも母がよく買ってきてくれた。木の枠組みの透明なガラスケースにドーナツをずらーっと積んでいるのだが、それがお店の外から見えるように前面に押し出されていて、何度あのケースの前で足を止めたことか。揚げて砂糖を振っただけのシンプルな小ぶりなドーナツは今でも食べたくなる。

母は他にも、中央市場の大学いも、青い花のスイートポテト、開雲堂の紫蘇《しそ》に包まれたやつ、ボルドーのプリン・ア・ラ・モード、パリ亭の焼き菓子、色んな種類の甘いものをじろじろう少年に体験させた。これは全部土手町のお店なのだ。僕が帰省の度にゾンビのように土手町を上って下ってするのもおわかりいただけるだろう。誰かが心臓を鉄の杭《くい》で貫かない限り僕は土手町を徘徊《はいかい》し続ける運命なのだ。

ていうか書いてて思ったんですけど、うちの母親甘いもの好きすぎるだろ。血は争えませんね。

「有吉の壁」ロケにて。チョコレートプラネット松尾さんと筆者

みんなで星取り

2023年6月1日（木曜日）

すっかり疎くなってしまったが僕は相撲が好きだ。昔ほど力士の名前は覚えていないがなんとなく結果はスポーツニュースで確認してしまう。そのルーツは弘前で過ごした少年時代にある。

僕が弘前で過ごした1990年代前後は、県民は自然に相撲を好きになる土壌ができていた気がする。弘前実業が全国大会で優勝したり、県出身力士が幕内にもかなり多かった。横綱旭富士、出羽の花、貴ノ浪、舞の海、浪乃花。夕方のニュースは「それでは今日の県出身力士の取り組み結果です」と言い、本当に県出身力士の結果しか教えてくれない異常っぷりだった。幼ながらになんで千代の富士の取り組み結果は教えてくれないいんだろう…と畏怖した。

本場所中に母の実家のそば屋「一力《いちりき》」に遊びに行くと、居間では大相撲中継を流して従業員みんなで星取りをしていた。縦5センチ、横20センチくらいの横長のわら半紙にその日の取り組みがずらーっと印刷されていて、各取り組みで勝つと思った力士に○をつけて、その正解数を競うのだ。家に帰ったら帰ったで今度は父が県庁の職員みんなでやっていた星取表の確認をする。

県庁のはルールがちょっと凝っていて、場所前にまず力士を10人選び、各力士に1〜10までの点数を振り分ける。横綱から1人。三役から2人だったかな。残りの7人は平幕から選ぶ。自分が選んだ力士が勝つと振り分けた点数を獲得でき、本場所15日分の合計点を競うのだ。当然安定して白星を稼げそうな横綱か大関を10点に選び、勝ちが見込めるか不安だけど好きなんだよなぁ、みたいな力士は1点に選ばれることになる。

ただ、さすが県庁。これだけじゃないんですよ。あれだけ職員の数がいたら場所ごとにいろんなアイデアが出され、システムがブラッシュアップされ続けたんでしょうね。加点の要素があるんです。まず優勝、加点30。そして三賞受賞（殊勲賞・敢闘賞・技能賞）加点10。ここまではわかるんです。さらになんと金星も10点、銀星も5加点されるんです！

相撲を知らない人にはただただ苦痛な内容かもしれないですけど、熱くなってるので話させて下さい。金星とは平幕の力士が横綱に勝つこと、銀星は大関に勝つことを言います。

すいません、熱くなってるの分かりますよね。お金は賭けてないんですけど、システムはギャンブルと一緒なんですよ。何日目、どの取り組み、どの角度からも「脳汁」が出せる、抜かりがないシステムなんです！

で！　でですよ！　聞いて下さい。当時安芸ノ島《あきのしま》っていうね、あまり場所中の成績は良くないんだけど、やたら金星を取る力士がいたんですよ。…え…？　ちょ！　え⁉　もう文字数超えてるんですか？　「安芸ノ島を何点に振り分けるか悩んだじろう少年」の話であと1000字は書けるんですけど。

すいません、寄り切られてしまいました。このお話はまたいつか。

「有吉の壁」ロケにて。チョコレートプラネット松尾さんと筆者

RECARO
NATIONAL
STADIUM

タバコ

2023年7月6日（木曜日）

人生いろんな選択がありますが『結婚する』を選んでみました。今までになかったような視点のネタなんかが思いつくようになるといいですね。私事から失礼しました。

さて、僕はタバコが大好きだ。仕事で初めての現場に行くと、まず喫煙所の場所を必ず聞く。聞ける人がいない時は建物内でわずかにするニコチンの匂いを辿《たど》って自力で見つけたりもする。

中学2年生の頃、放課後にみんなでマコちゃんの家に遊びに行くけどどじろちゃんも来ね?と誘われた。マコちゃんの家は三中の裏にあって、お母さんが仕事に出ていて誰もいないから溜まり場になっている、という噂《うわさ》は聞いていた。

クラスメートに連れられてマコちゃんの家に着くと、あらびっくり。マコちゃんってクラスで1~2番目に背が小さかったんです。不良っぽい要素も全くない子で。そのマコちゃんが、くわえタバコで僕に「おう!じろちゃん」と。

「・・・・」

僕は目が点になって軽フリーズした。あまりにもその画が強すぎて。

そのあとサッカー部のエイジとか陸上100メートルで県のチャンピオンにもなったことがあるミチヒロとか、部活を真面目にやってる同級生も来たのだが、みんなマコちゃんからタバコをもらって当たり前のように吸っているのだ。

あ、ご存じ小児喘息坊やの僕は自分がタバコを吸う日がくるなんて思っているはずもなく、季節の変わり目には絶対ヒューヒューゼーゼー言い出すあの気管にケムリを入れるなんてもっての外なわけで。

でもワルに憧れる階段って、大小の違いはあれど男子って誰しも備えてるんですよね。

「じゃあわぁも…」と禁断の一本。

メリットというタバコだった。友達に火をつけてもらい、す~っと吸い口に含む。

ふ〜っとすると煙がぼわぁっと。この口から煙を出すことで感じる高揚感と、いけないことをしている罪悪感のハーモニーが中学生のじろう少年には堪《たま》らなかった。みしぃっと階段を登る音がした。

その日の夜、家を抜け出し国立病院の入り口のところにあった木村商店のタバコの自動販売機ですぐメリットを買った。当時はタバコが200円くらいだったからお小遣いの範囲内で大人ぶってバカなことができたのだ。

ちなみに後日またマコちゃんの家でみんなで集まっているとき、意気揚々と持参したメリットを吸ってみせたら「それ吸ってねーよ。ふかしちゅーよ」と言われた。正しい吸い方を教えてもらい実践してみたら、咳が止まらなくなり、その日にタバコを買うのはやめた。

タバコはいま600円近くするし、吸える場所もどんどん減っている。いずれは淘汰《とうた》されていく文化なのだろうなとは思う。タバコ＝不良の象徴だった時代に青春時代を送れたのは財産なのかもしれない。書き終えたので、喫煙所探しの旅に出てきますね。

チョコレートプラネット松尾さんと筆者

ねぶたよりも　ねぷたよりも

2023年8月3日（木曜日）

僕はお祭りが好きだ。そのルーツは弘前で過ごした少年時代にある。

青森県民にとって8月といえば待ちに待った祭りの季節。長い冬を耐え忍んだ後の4月の桜と、迫り来る冬に備えて今くらいは大いにはじけなさいの8月のねぶた。これが県民にとっての二大ご褒美だと僕は思っている。

僕の地元弘前は『ねぷた祭り』なのだが、ねぷたの時は意外な発見がある。教室で寡黙なあいつが実はとんでもない腕前の笛吹きだった。学校で全く人気のない文系のあの先生がサラシを巻いてどでか太鼓にまたがっていた。心当たりありません？

1年のうちの約5カ月を大雪の中で暮らすことでこんな愛すべき強烈なキャラクターが自然と育つのだ。

さて、散々ねぷた祭りのことを書いたのですが勇気を持って言います。僕、実はそこまでねぷた祭りに思い入れはないんです。見には行きますよ。でも自分の町内でねぷたの運行をしてないとそこまでの熱量はないんです。小学生の時は弘前大学のねぷたを引っ張っていたのですが、それは参加のご褒美の袋詰めのお菓子をもらいたいがためだけに若干唇を噛《か》み締《し》めて参加していました。ではなぜお祭りが好きなのか。

断然よみや派なんです。正確には宵宮（よいみや）と言うみたいですね。

僕の学区はとにかくよみやが多かった。６月末の胸肩《むなかた》神社を皮切りに富田の清水《しつこ》近くの稲荷神社、レンガ倉庫美術館近くの住吉神社、戸田の餅屋の近くの大円寺。中学生になってからは西弘祭りまで足を伸ばした。チョコバナナ、落書きせんべい、スマートボール、亀、金魚掬《すく》い。今まで何匹の亀と金魚を埋葬してきたことか…。

お決まりのラインナップに、ある夜彗星の如く現れたのがいちご飴《あめ》だった。忘れもしない、小学４年生の頃。胸肩神社のよみやだった。気にはなっていた。いちご自体は好きだったのだが、あの真っ赤な飴のコーティングがとにかく硬そうに見えて、どうも手を伸ばす気になれなかったのだ。だが勇気を出してひとつ買ってみた。

好きな子にばったり会えたテンションがそうさせたのかもしれない。

あぁ・・・きみ、硬いのはほんの一瞬だけで、こんなにとろけるんだ・・・。

官能小説の一文ではない。いちご飴を初めて口にしたときにじろう少年が頭の中で書いた文章だ。

初めて飴を突き破っていちごの柔らかさにたどり着いたときのあの食感を超える食感に45歳になった今でも出会えていない。ロケで信じられないくらい高級で柔らかい食感の牛肉を口にして「うわ!やわらかっ!」とコメントしたこともあるが、内心『いちご飴の食感は超えてませんけどね』といつも思っている。

毎年『弘前　宵宮』で検索すると出てくる日程表を見て自分の思い出と照らし合わせ楽しかった記憶に浸っている。今年は行けなかったが来年こそは。

今年のお盆はじろう少年に飼われた亀と金魚に手を合わせることにしよう。

「有吉の壁」ロケにて。チョコレートプラネット松尾さんと筆者

お笑い僻地からお笑いの道に

〈書き下ろし〉

書籍化するにあたって、せっかくの書き下ろしということなので自分がなぜお笑い僻地と呼ばれる青森に生まれながらお笑いという道に進んだのか、そのルーツを探ってみたいと思う。

僕はお笑いが好きだ。そのルーツは弘前で過ごした少年時代にある。

子供の頃の写真を見ると、ひとりだけ変な顔をしたり、学校行事の最中の写真なのに自分だけ上半身裸だったり、とにかくふざけている。この子供の頃のひょうきんさは、遺伝によるものと、生まれたときに振り分けられたひょうきんの数値が平均値よりやや高かったからではないかと予想している。そのひょうきんさと引き換えに運動神経と健康の数値が低いのではないだろうか。

この数値で判をついてくれた出生の神様に感謝したい。高校くらいまでの僕なら

「なんでもっと運動神経の数値をあげてくれなかったんですか⁉」と訴えていただろう。年をとって気づく。健康であることに越したことはないが運動なんてできなくてもいい。45歳までなんとかなった。

三人兄姉の末っ子だったというのも大きいだろう。生まれてから3歳くらいまでの間に何かをして兄と姉を笑わせた、という明確な記憶は残っていない。でも僕も経験があるが、子供というのは本当に理解不能な面白いことをして笑わせてくる。

4歳の姪っ子と一緒に車の後部座席に乗った時のことだ。僕は東京から弘前に戻ってきた直後で着替えが入った大きな布袋を持っていた。姪っ子はその袋を見て「ねぇじろちゃん。私知ってるよ。それ、うんこ入ってるんでしょ？」と言ってきたのだ。こいつは何を言い出すんだ。僕は4歳児相手に劇場で笑いが起きるレベルのトーンで「んなわけねーだろ！」と本気でツッコんでしまった。

僕が生まれた頃は、僕が何かをしたら笑ってくれる対象の父、母、兄、姉が常にいて、さらに週末に集まる親戚も大勢いて、一力《いちりき》にも沢山親戚がいて、ご近所のおじさんおばさんもいて、病院には看護師さんも沢山いて、幼ながらに大人を笑わせる喜びみたいなものが脳に刷り込まれていった可能性は高い。その幼少期を経て、小学校のひょうきん期に突入したのだと思う。

小学校のときはとにかくおふざけマンだった。ステージにあがってお尻を出したり、劇みたいなものを作って僕の家に集まって練習をしてクラスのお楽しみ会で発表したり、替え歌を作ってそれをカセットテープに録音して聴いたり、体ひとつでできるおふざけは一通りやった。

そして、今の僕を形成するうえで一番大きかったのはやはりテレビだ。人生で初めて「この番組が楽しみ！」という認識をもって見始めたお笑い番組は『8時だヨ！全員集合』だった。全員集合終了後に放送が始まった『加トちゃんケンちゃんごきげんテレビ』で志村さんが大好きになった。学校で志村さんの松茸マンの真似ばっかりしていた。兄が中学校の修学旅行のお土産で東京から「だいじょう

家族と

ぶだぁ～」の太鼓を買ってきてくれたときは飛んで喜んだ。

青森は今でこそテレビ朝日系列（ＡＢＡ）があるが僕が中学生になるまで民放はＲＡＢ（日テレ系）とＡＴＶ（ＴＢＳ系）の２局しかなかった。フジテレビ系列は未だにない。『月９』という言葉は青森に存在しないのだ。

この場を借りてお礼を言いたい方がいる。僕が小学校時代にＲＡＢとＡＴＶの編成をやっていた方だ。どなたかは存じませんが、あなた方のおかげで当時フジテレビがなければ見ることができなかった『とんねるずのみなさんのおかげです。』と『ウッチャンナンチャンのやるならやらねば！』『志村けんのだいじょうぶだぁ』などを見ることができました。あの３番組に出会わなければキャラコントの下地はできなかったと思っております。ありがとうございます。

小学校までは１学年２クラスだったのが中学生になると一気に９クラスに膨れ上がり、今まで会ったことのないジャンルの生徒たちと顔を合わせることになった。不良の卵たちだ。

大講堂のステージで尻を出すやつが人権を得ていたような学校だったので僕の小学校はそれはそれは平和だった。12年の人生でワルの要素を含んだ同年代に会ったことがなかったのだ。肉体的にも精神的にも弱かった僕は中学校で彼らの的にならない生き方を選んだ。

モテない、ガリガリに痩《や》せている、ケンカなんかしたことがない、小児喘息、幼馴染が入部したのでなんとなくでバレーボール部に入部するも一人だけサーブが相手コートまで届かない、一向に声変わりしない、おちんちんの毛がいつまでたっても生えない、などなど、とにかく自分を情けなく惨めに思う時間が長かった中学時代だった。

この時代に出会ったのが『ダウンタウンのごっつええ感じ』だ。

兄が北海道で一人暮らしをしていたので、定期的にごっつええ感じのビデオを送ってくれたのだ。青森でごっつの放送は僕が高校に入ってから深夜帯で始まるのだが、中学生でごっつを見ているのは僕しかいなかった。ごっつのコントは、今まで見てきたものと違って、どこか悲哀というか、人間の影の部分やキャラクターの背景を想像させるコントが多くて当時の僕にはとても新しく感じた。これが東京の最先端のお笑いなのか…。僕は誰も見たことがないごっつのキャラクターやギャグを我が物のように披露し笑いを取る、というとんでもないドーピング行為で中学生時代を終えた。僕が書くコントの設定で弱い立場の人間がよく出てくるのはこの中学時代の影響が少なからずある気がする。

中学終盤のドーピングでひょうきんな自分を取り戻した僕は3年生から塾に通い、今までの愚行を取り戻すべく勉強し、無事高校受験にも成功した。

高校時代はほとんど勉強しなかった。周りに頭がいいやつが多すぎて、1年生の春には落ちこぼれコースまっしぐら。そのおかげでとにかく遊ぶほうに舵を切れたのが良かった。タバコにパチンコに麻雀。今現在も続けているライフスタイルはこの頃確立された。お笑いには全く直結していないが、自由に生きる、という下地は高校時代にできたのかもしれない。

高校も中学同様いろんな生徒がいた。洋楽にやたら詳しいやつ、ギターを弾くやつ、セレクトショップで服を買うやつ。触れたことのないカルチャーに出会うきっかけを作ってくれたのは高校時代の友人たちだった。大衆が好むものが必ずしも正解ではない。マイナーであることの尊さ、独特であることの美しさ。そういうカルチャーがこの世に存在することを教えてくれた。お笑いという大衆を相手にする仕事をしていながら、どこか真っ正面を通りたくないのはこの頃出会ったカルチャーの影響だと思う。

むむう。こうして振り返ってみると現在のお笑い芸人シソンヌじろうに繫がる要素はやはり弘前で過ごした少年時代に多くあったのがわかる。弘前で過ごした18年、家族と友人、環境に本当に恵まれていたのだな、と。出会ってくれた皆さまに感謝しております。

では、また。東奥日報でお会いしましょう。

あとがき

今現在（２０２３年）を生きていて、もっと自分に興味を持てばいいのに、と思うのです。

この気持ちは少し寂しさも含んでいます。

不特定多数の人が誰かを攻撃し、誰かもわからない人の言葉に傷つき、それがニュースになりそれがきっかけで、異論を唱える誰かもわからない人が現れ、その人を擁護する誰かもわからない人が現れ、またそれに異論を唱える誰かもわからない人が現れ、その発言がまたニュースになり「ＳＮＳではこういうコメントが多く寄せられた」、と誰かもわからない人のコメントが取り上げられる。

僕は狭く生きることにしましたよ。

随分と見える世界が広がってしまった気がするんです。

ちょっと遠すぎるな……。こんなこと知りたくもないし……。

もうちょっと近くにピントを……。いやまだ遠いな……。

……え⁉　こんなことなってんのか？　……おっと見ないでおこう……。

もっと、もっと近くに……。ん……？　あれ……？

あ、自分だ。


ピントを近くに近くに、と持ってきたら自分がいました。

こんな感じで自分探しをしてみることにしたんです。

いま自分の目の前にいる人。友人。その友人周りの友人。自分の家族。家族の友人。そして自分。ここが幸せであるように、幸せになるように、生きることにしました。

現在45歳ですが、72歳、と名乗ることにしました。


ではまた。

じろう

1978年、青森県弘前市出身。本名・大河原次郎。弘前市の第二大成小、第三中学校を経て弘前高校、関西外国語大学短期大学部卒。2005年、吉本興業の東京ＮＳＣに入学。06年、お笑いコンビ「シソンヌ」をＮＳＣ同期の長谷川忍と結成。14年「キングオブコント」優勝。コントでは津軽弁のおじさんや熟女などを演じる。俳優や脚本家としても活躍中。

地元愛にあふれ、青森県産ブランド米「青天の霹靂」のプロモーション動画に出演。東奥日報では2020年９月から連載中。

著書に〝川嶋佳子〟名義で執筆した日記小説『甘いお酒でうがい』（ＫＡＤＯＫＡＷＡ）、短編小説『サムガールズ－あの子が故郷に帰るとき』（ヨシモトブックス）がある。

シソンヌじろうの自分探し

2024年２月７日　第１刷

著　者　じろう（シソンヌ）

発行者　塩越　隆雄

発行所　東奥日報社
〒030-0180　青森市第二問屋町３丁目１番89号
電話　017-718-1145　文化出版部

印刷所　東奥印刷株式会社
〒030-0113　青森市第二問屋町３丁目１番77号

日本音楽著作権協会（出）許諾第2309880-301号

Printed in Japan　Ⓒじろう（シソンヌ）吉本興業／東奥日報社 2024
許可なく転載・複製を禁じます。
定価はカバーに表示してあります。乱丁・落丁はお取り替えいたします。
ISBN978-4-88561-275-6 C0095 ¥1400E

DRAFT

弘前公園